人生のステージが上がる

美しい経営

一般社団法人キレイデザイン協会　理事長
大沢清文

星野書房

はじめに

人生のステージを上げる美しい経営とは
働き方、生き方を豊かにしながら
長期的な視点で価値を追求する経営スタイルのことを指します。

わたしが33年かけて追求し、
10年の協会運営で実現を目指してきた
理想の働き方でもあります。

美しい経営は、
休み方と働き方のバランスを重視します。
月末月初、国内や海外へ旅行に出かけてもいいのです。

美しい経営を行うと、
「あり方」が整い
「人」が集まり
「お金」が増え
「時間」も自由に使えるようになります。

長期的に継続することも大切にするもので、
人が育ち、ビジネスも安定していくでしょう。

あなたも、美しい経営を意識して
働くことと休むことのバランスをとり
豊かな人生を目指しませんか？

２０２４年11月　大沢　清文

第1章　美しい経営とは

第2章 人を大切にする経営

第3章　美しく収益をあげる

第1章

美しい経営とは

13

品格のある美しい経営を目指す

美しい経営には、品格が必要です。
品格を保つには
「才能と徳」の両方を大切にしましょう。

・才能 … 方法、スキル、能力
・徳 … あり方、心持ち、応援、協力、
利他（ほかの人のために行動すること）

ビジネスシーンでは、才能に注目されがちです。
そのため、せっかく才能があるのに、
徳を積むことを怠ってしまう人も
少なくありません。

でも、スキルや能力でお客さまに喜ばれても、
長くは続きません。
才能があっても徳を積んでいない人は、
人望が薄いので孤立してしまうでしょう。

一方、徳があっても才能がない人は、
まわりから慕われても才能がないので
稼ぐことができません。

ですから、美しい経営をするには
才能も徳も兼ね備えた、品格が必要不可欠なのです。

ビジネスの花を咲かせる

ビジネスは、
花を咲かせることに似ています。

ビジネスの花は、
種をまいても
すぐには咲きません。

徳を積んで才能を磨いて、
ようやく花が咲いたとき
はじめてあなたの元に
お金が入ってくるのです。

ときには、花が咲かないまま
終わることもあるでしょう。

それでも、花を咲かせようと
努力することは
自分の豊かさにつながります。

たとえ時間がかかったとしても、
才能と徳を兼ね備えた
美しいビジネスの
花を咲かせましょう。

「あり方」が成功のカギ

ビジネスの成功に必要なのは、
「あり方・やり方・ツール」の3つです。
この3つは、これまでも男性向けに
別の言葉で表現され、重視されてきました。

・戦略＝あり方・マインド
・戦術＝やり方・スキル
・手段＝道具・ツール

わたしは、そのなかでもとくに
「あり方」を大切にしましょうと伝えています。

同じやり方・同じツールであっても、
「あり方」によって結果が大きく
変わってしまうからです。

実際に、美しく稼ぎ
しあわせそうにしている経営者の多くは、
やり方やツールより
「あり方」を大切にしています。

まずはあり方から整えましょう。

まわりを大切にすれば「あり方」も整う

「あり方」を整えるにはどうしたらいいのでしょう？

それは、人を応援することです。
目の前のひとりと向き合い、心から大切にすると、
自然と「あり方」が整っていきます。

あなたは、どんな心持ちでビジネスをしていますか？
目の前の人に、何ができますか？

「あり方」が整うと、ビジネスは盤石になり、
より多くの人に
喜んでもらえるようになりますよ。

ＳＮＳにとらわれすぎない

近年、多くの経営者がＳＮＳの運用に頭を痛めています。

「もっといい方法（やり方）はないかな？」
「もっといいＳＮＳツールはないかな？」

と迷走している人は、
一度立ち止まってみましょう。

望む結果が得られないのは、
やり方やツールが原因ではありません。
「あり方」が整っているかどうかがあらわれているだけなのです。

ビジネスを右肩上がりにしていくために、
やり方やツールを見直すのではなく、
自分の心持ちを振り返るところから始めましょう。

うまくいかないときにこそ意識したいこと

ビジネスがうまくいかないとき、
すぐに結果が出るツールや、よりよい方法を
探そうとする人がいます。
でもそれでは、一時的によくなっても
解決には至りません。

頭が痛いときに薬を飲んで
ごまかしているようなものだからです。

原因を解決せず同じ薬を飲み続けていると、
次第に効果が薄くなり、

もっと強い薬が
必要になってしまうでしょう。

頭痛を根本的に治すには、
薬に頼るのではなく、
まず自分の体質を知り、
生活習慣を見直す必要があるのです。

ビジネスの場合も同じです。
うまくいかないときは、
ツールより先に
根本原因を探ることから
始めましょう。

お困りごとのなかに「ビジネスの種」を見つける

「これは、どうにかならないかな…」

「こんなものがあったらいいのに…」

こんな声が聞こえたときに、

「代わりにわたしがやりますよ！」

と手をあげられる人は、ビジネスもうまくいきます。

たとえば、
ダイエットや英会話などは、
お困りごとを解決する
ビジネスの代表格といえるでしょう。

家族や同僚、大切なお客さまなど、
身近な人に興味を向けてみてください。
何か困っていることはありませんか？

日頃からまわりの人に意識を向けると
何気ない会話や表情などから
見逃していた「何か」に
気づけるかもしれません。

ビジネスには、
かならずしも
特別な資格やスキルが
必要なわけではありません。

相手を思いやる心を磨き、
「ビジネスの種」を
見つける習慣を持ちましょう。

うまくいかないときは「お客さま視点」に立ってみる

「なかなかお客さまが集まらない」
「リピートしてくれるお客さまがいない…」
このような悩みを抱えているなら、
自分のやりたいことだけを
してしまっているのかもしれません。
そんなときは、一度、
お客さまの目線で考えてみましょう。

お客さま側になったあなたは、
いまのサービスで
本当の望みを叶えて
もらえていますか？
心地よく過ごせていますか？

お客さまの立場に立って
振り返ると、
新しいアイデアが
浮かんでくるかも
しれません。

「体験」を提供できていますか？

ファンが多いお店や企業には、３つの共通点があります。

・商品の品質がいい
・コストパフォーマンスが高い
・顧客サービスがいい

ものがあふれた現代では、とくに顧客サービスが重要です。

人は、ワクワクしたり嬉しくなったりして、感情が高揚すると
つい買ってしまうという傾向があります。

あなたが毎日行きたくなるようなお店や、
つい応援したくなるスポーツチームには、

あなたの気持ちをワクワクさせたり、
楽しくさせてくれる「何か」があるはずです。

商品や知識ではなく、お客さまに喜んでもらえる
「体験」を提供できるようになると、
お客さまは、あなたや会社のファンに
なってくれるでしょう。

お客さまに合わせたおもてなしで、気持ちよく過ごしていただく

お客さまに「ワクワクして、つい買っちゃった」という体験をしていただくにはコツがあります。


たとえば、一流の高級ブランド店などでは、

「これ、いいですね」

と言っても、

「いまがお買い得です！　買わなきゃ損ですよ」

と、一方的に売り込んでくることはありません。

また、VIPルームは、
そこにいるだけでも、いい気分になることができます。

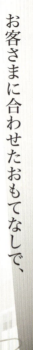

特別な気分でお買い物ができると、

「次もここで買いたいな」

「また、ここに来たいな」

という気持ちがわいてくるものです。


もちろん、ＶＩＰルームは頻繁に購入してくれるお得意さま限定なので、一見さんが行ったら逆に緊張してしまいます。

訪れるお客さまの層に合わせて適切なサービスを用意することが大切なのです。

感情が動くような心地よい接客を心がける

人は、心地よい接客を好むものです。

心地よい接客には、

・そこで大切に扱われたという特別感
・ほしいタイミングでほしいものが出てくる安心感
・自分が決めて買ったという納得感

といった感情が含まれています。

このように感情が動くとき、
人は気持ちがよくなり、
つい買ってしまうでしょう。

とくに女性は、
感情が満たされているときに
その人や商品、サービスを好きになり、
ファンになるものです。

お客さまの「感情」に
目を向けてみてください。
顧客満足度が上がり、
変化が訪れるはずです。

必死さが出てしまっていませんか？

ファンがつかないお店や企業には、特徴があります。

たとえば
「売り込みばかりで、こちらの話を聞いてくれない…」
「いい返事をするまで帰してもらえない…」
というお店には、あなたもきっと行きたいとは思わないでしょう。

一生懸命さ、必死さが仇となって、
結果的にお客さまを遠ざけてしまっているのです。

どんな事情があっても、
お客さまの心を尊重しない接し方はしないように、
注意しましょう。

迷惑をかけてはいけないと思いすぎていませんか？

「これをしたら、まわりの迷惑に
なるかもしれないからやめておこう」
という思いグセを持っていませんか？

北欧諸国では
「この子が社会に出てどのように貢献できるか」
という視点で子育てをしていますが、
日本では、
「他人に迷惑をかけないように」
という視点で、多くの人が子育てをしています。

そのため、小さな頃から「迷惑をかけてはいけない」と
考えるクセがついている人は少なくありません。

でも、まわりに迷惑をかけてしまうことは
誰にでもあること。
過剰に気にすると、経営は成り立ちません。

「○○をしたいけれど、
失敗して周囲に迷惑をかけるかも
しれないから挑戦できない」
とチャンスを逃してしまうのは
とてももったいないことです。

経営には成長が不可欠です。

自分・会社・メンバーの成長のためにも、

「迷惑をかけてはいけない」

と思いすぎていないか、
見直してみてください。

迷惑をかける分は応援でお返しする

人は、ひとりでは生きていけない
生き物です。
誰かと関わるなかで、
迷惑をかけてしまうことを
ゼロにはできません。

わたしは、まわりの人への
迷惑を気にしすぎてしまう人には
「どうぞ、迷惑をかけてください」
と伝えています。

迷惑をかけないようにするよりも、
「お互いさま」の気持ちで
動くほうが、うまくいくからです。

相手に迷惑をかけてしまうときは、
応援することで
お返ししたらいいのです。

そうやって自身を
整えていくと、
自由にチャレンジができるようになり
人生がより豊かなものに
なっていくはずです。

社会の役に立つ視点で考えられる人は豊かになる

「人の役に立てるかどうか」に目を向けると、
自然と自分のあり方も整っていきます。

社会貢献を考え始めると、徳を積むことができるので、
ビジネスもプライベートも、
そして人生も、豊かになっていくでしょう。

しあわせな経営者ほど、
自分だけでなく、
相手や社会に想いをめぐらせています。

もし、もっと飛躍したいなら、
「自分がどうすれば社会に貢献できるのか」

という視点で物事を考え、
「社会貢献」を事業に取り入れてみませんか？

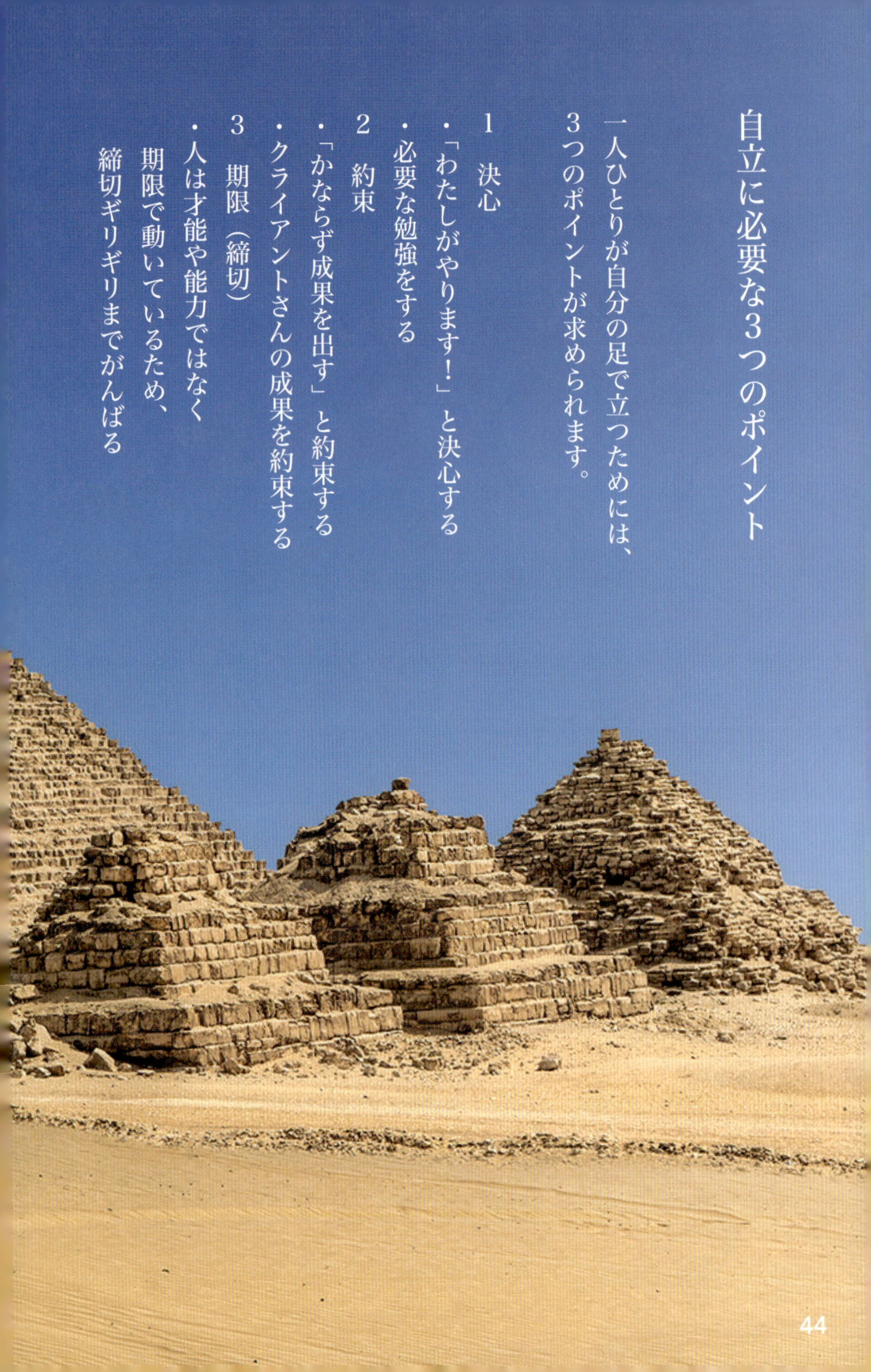

自立に必要な3つのポイント

一人ひとりが自分の足で立つためには、
3つのポイントが求められます。

1　決心
・「わたしがやります！」と決心する
・必要な勉強をする

2　約束
・「かならず成果を出す」と約束する
・クライアントさんの成果を約束する

3　期限（締切）
・人は才能や能力ではなく
期限で動いているため、
締切ギリギリまでがんばる

成功する人は、
期限ギリギリまで
いい作品を届けようと
取り組みます。
最後の最後まで
がんばれる人が
うまくいくのです。

この3つに取り組むと、
「誰かがやってくれるはず」という
甘えや依存心がなくなっていくはずです。

美しい生き方をしている人は、
誰もが自立しています。
3つのポイントを意識して、
自分の力を発揮する人・チームを育みましょう。

自分・相手・社会の「三方よし」でビジネスを考える

自分のことばかり考えていると、
人は離れていってしまいます。
それは、友人関係でもビジネスでも、同じです。

そうならないように、
自分よし・相手よし・社会よしの
「三方よし」のビジネスモデルを
つくりましょう。

1　自分が豊かになること
2　お客さまも豊かになること

3　自分の提供するものが
社会から求められること

この3つが揃ったとき、
自分の提供するビジネスに自信を
持つことができます。

「三方よし」を心がけているうちに、
自然とあり方も整っていき、
まわりに人が集まってきますよ。

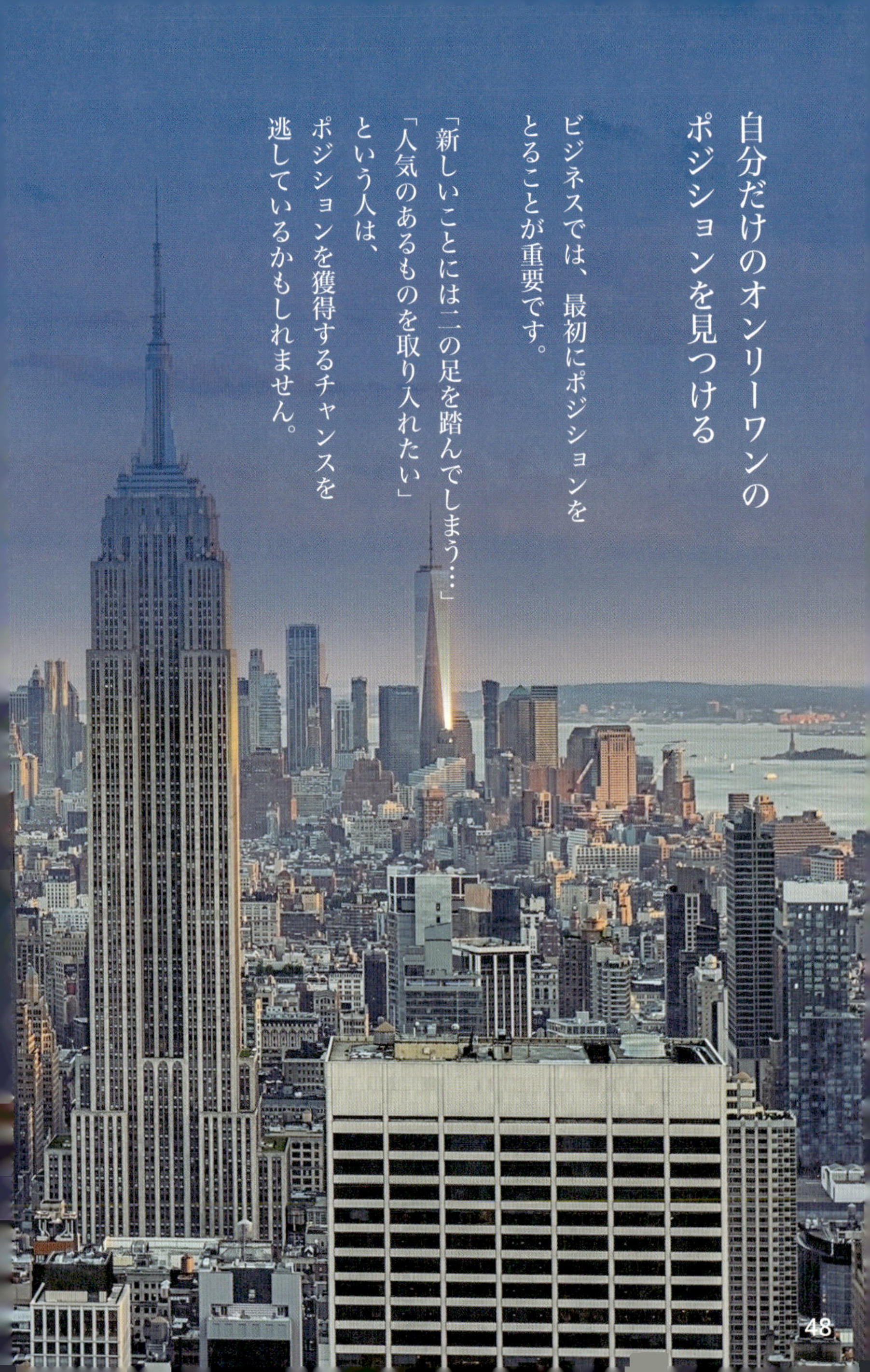

自分だけのオンリーワンの
ポジションを見つける

ビジネスでは、最初にポジションを
とることが重要です。

「新しいことには二の足を踏んでしまう…」
「人気のあるものを取り入れたい」
という人は、
ポジションを獲得するチャンスを
逃しているかもしれません。

現代はさまざまなサービスが
あふれているので、
自分独自のオンリーワンの地位を築くことは
とても重要です。

たとえばわたしの場合、
「佐賀県でめずらしい男性エステティシャン」
というオンリーワンのポジションを
得ることでビジネスが伸びていきました。

どんなことでもかまいません。
あなたも、自分の個性と専門性を高めて、
オンリーワンのポジションを
獲得しましょう。

誰も手をつけていないところでニーズを探す

『アフリカと靴』というお話をご存じでしょうか。
ふたりの営業マンがアフリカで靴を売ることになり、
現地に調査に行きました。

「アフリカでは靴を履いている人がいないから、
売れるはずがありません」
とひとりは言い、

「絶対に売れます！
誰も靴を履いていないので、
たくさんの人が買ってくれるはずです」
ともうひとりは言い、靴を売りました。

そして、靴を売った営業マンの
ビジネスは大成功し、
社長になったそうです。

このお話から、
誰も手をつけていないジャンルで
ニーズがあることをする人は
うまくいくことがわかります。

誰もしていないことを行うのは
勇気がいりますが、
お客さまのニーズがあることであれば
きっとうまくいくはずです。

強豪と戦っていませんか？

あなたが、美しい経営をしたいのであれば、
強豪が多いところで
戦わないようにしましょう。

わたしは中学生の頃、
ハンドボールの国体選手でした。
でも、これにはわかりやすい理由があります。

当時、
佐賀県にはハンドボールチームが
４チームしかありませんでした。

そのため、たとえ弱小チームでも、
たった２回勝てば優勝して
国体選手になれたのです。

一方、もともと打ち込んでいた野球は
強豪チームが多いため、

どんなに練習を重ねても
県内ベスト8止まりでした。

ビジネスも同じです。
競争相手がいないところでは、
簡単にポジションをとることができるのです。

ぜひ、強豪のいないところを探して、
自分だけのポジションを
確立していきましょう。

みんなと違うことを怖がらない

誰もいないオンリーワンのポジションをとりたいなら、
周囲と違うことを恐れないことです。

わたしは、元々人と同じことをするのが嫌いな性格でした。
だからこそ、学校でマイナーなハンドボール部に入り、
国体選手になることができたのかもしれません。

そして、「みんなが就職するなら、わたしは進学する」
と言って大学に入学しました。

その後も、
当時男性がビジネスにしていない

カラーセラピーやエステなどを
どんどん取り入れていきました。

現在では当たり前のように使用されている
オンラインツール（ＺＯＯＭ）も、
まだ誰も取り入れていなかった頃から
積極的に導入しています。
そのおかげで、オンラインビジネスにおいて
いち早く独自のポジションを獲得できました。

どれも最初は周囲から反対されてきたことばかりですが、
現在のオンリーワンのポジション獲得につながっています。

競争相手のいないポジションをとることで、
ビジネスはぐっと成功しやすくなるのです。
あなたも、勇気を出して、
自分だけのポジションを探してみませんか？

10のステップで、ビジネスを拡大させる

ビジネスを拡大していく過程には、10の壁があります。
もし、そのビジネスの壁を乗り越える秘訣があるとしたら
知りたいと思いませんか？

各ステージにはそれぞれ特有の悩みがありますが、
それらを解消すると、ステップが上がり、売上も伸びていくのです。
次ページ以降で解説していきましょう。

ステップ1 「起業の壁」とは？

ひとつ目のステップは、「起業の壁」です。

雇用されているうちは経済的に安定するので、
多くの人がこの起業の壁を越えることができずにいます。

起業の壁には、一歩を踏み出す勇気が必要なのです。

ステップ2 「商品の壁」を越える

起業したあと、次にやってくるのは、「商品の壁」です。

起業後、売る商品がなければ当然売上は上がりません。

しかし、個人が起業し、商品をつくるとなるとリスクがともないます。

そのため、最初は先生のポジションに就くところから始めましょう。

「お客さまと販売員」ではなく

「先生と生徒」の関係になると、商品も売れやすくなるからです。

ステップ3　「集客の壁」を越える

商品ができたあとは、それを購入してくれる人を集めなくてはなりません。

ステップ3では、経営するうえで避けられない
「集客の壁」が訪れます。

理想のお客さまに来ていただくためには、
口コミと紹介が欠かせませんが、
ここでは、紹介してもらえる商品やサービスであるかどうか
紹介してもらえる自分自身かどうかが問われるのです。

自分自身のあり方を整えて、壁を越えることが、ここでは求められます。

ステップ4「販売の壁」を越える

「集客の壁」を越えて人が集まるようになったあとに、
「セールスができない…」という「販売の壁」が立ちはだかります。

商品を売ることを、悪いことのように感じてしまう人もいるようですが、
本来、販売することはお互いにとって「喜び」のはずです。

自分の商品を最初に買ってもらえたときの喜びを思い出してみると、
販売に対するハードルが下がっていきます。

ステップ5　「継続の壁」を越えて安定させる

思いきって起業し、商品・集客・販売の壁を越えると、
今度は「継続の壁」があらわれます。

ここではまず、目安として「3年間継続させること」を目標にするといいでしょう。
ステップ5には、これまでの4つすべてが関係しています。
ステップ1「起業した事業を続ける」
ステップ2「商品をつくり続ける」
ステップ3「集客し続ける」
ステップ4「販売し続ける」
継続している間にお客さまにファンになっていただけたら、
ビジネスを安定させることができます。

ステップ6　「労働の壁」を越えて働き方を見直す

せっかくビジネスが継続しても、
ひとりビジネスの場合は賃金が安定しないので
とても忙しく、休みもとれない状態に陥りがちです。

ひとりでビジネスをしている人ほど
この「労働の壁」をなかなか越えられません。

ひとりビジネスから脱却するためにも、
人材を確保することがステップアップのポイントになります。

ステップ7 「人材の壁」を経て雇用する

人を雇うことを決めると、
いい人が来てくれないという「人材の壁」にぶつかります。

とはいえ、年商3000万円を超えようと思ったら、
自分以外の人に動いてもらう必要が出てくるでしょう。

もし、社内で雇用ができない場合は、
外注して専門家にお願いする選択肢もあります。

現代は、外部にたくさんの専門家がいるので、
お互いに利益をもたらせるビジネスパートナーを
つくるのもひとつの手です。

ステップ8　「組織の壁」のなかでしくみをつくる

さらなるステップアップをするためには、
次に、人を増やすことが必要になってくるでしょう。
でも、人は簡単には育たないので、壁を感じる人も多いはずです。
それが、ステップ8の「組織の壁」です。
ここでは、組織やコミュニティのしくみをつくっていくことが求められます。

ステップ9　「資金の壁」に直面し、お金の管理を見直す

組織がつくれるようになったら、
これまで以上に大きなお金が動くようになります。
すると、税金などのお金の管理が必要とされるため、
「資金の壁」にぶつかる人も増えてくるのです。

お金の管理がうまくいく経営者だけが、
5000万円、1億円、3億円…とビジネスを拡大していけるようになります。

ステップ10　「継承の壁」をきっかけにビジネスを拡大させる

最後に、自分がこれまで大切にしてきた商品やコンテンツを
誰かに引き継ぐことができない、「継承の壁」が立ちはだかります。

この壁を越えて、自分と同じように商品を広めてくれる人が増えたら
ビジネスはもっと大きく発展していくでしょう。

継承する相手は、自身で育てた人のほうがうまくいきます。

また、あなたが現場から離れて自由に動けるようになると
ほかのビジネスに着手して
さらに拡大させていくこともできるでしょう。

最初から継承することを見据えてしくみをつくる

ビジネスを拡大させるために、
わたし自身もこの10のステップを
越えてきました。

現在は、「先生を育成する経営者」
のサポートに力を注いでいます。

生徒は先生に教わり、
先生は「先生の先生」に教わり、
さらに、経営者がその組織を支えていきます。
このようなしくみがつくれると、
ビジネスは安定し、
継続できるようになるでしょう。

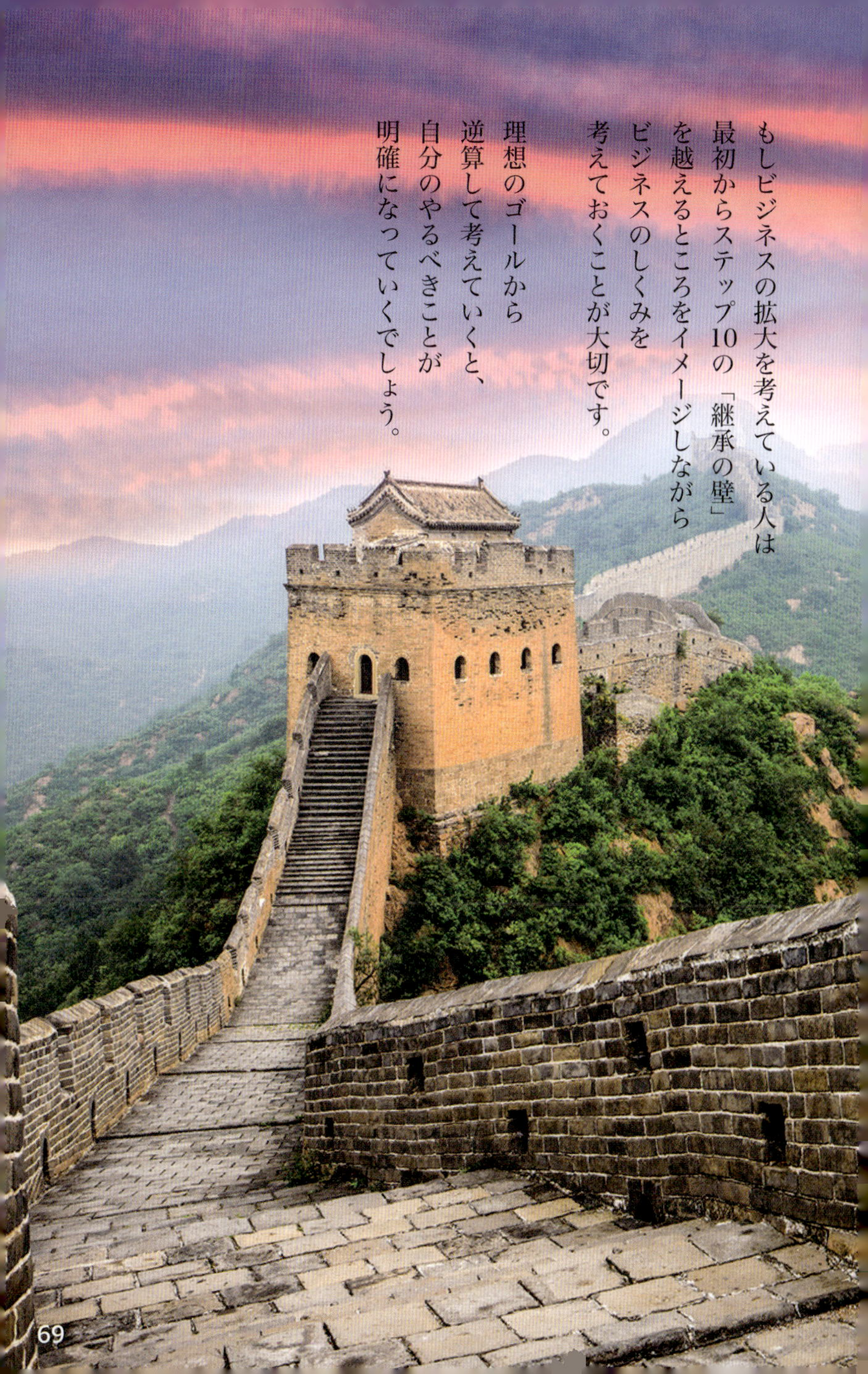

もしビジネスの拡大を考えている人は
最初からステップ10の「継承の壁」
を越えるところをイメージしながら
ビジネスのしくみを
考えておくことが大切です。

理想のゴールから
逆算して考えていくと、
自分のやるべきことが
明確になっていくでしょう。

理念があれば継承はうまくいく

ビジネスの継承を考えたときに
かならず必要になるのが、ビジネスの標準化です。
「標準化」とは、誰もが同じように業務を遂行し、
同じような成果を出せるようにすること。
カリキュラムやコンテンツを
誰でもできるように標準化しましょう。
ただ、カリキュラムやコンテンツは真似できても、
あなたの想いや情熱は、簡単には真似できません。
お客さまへの想い、
商品やサービスへの想い、
「理念」を発信し、一緒に継承できるようにしましょう。

あなたの想いを発信することで
共感してくれる人が集まるので、
ビジネスはさらに広がっていきますよ。

仲間と一緒にビジネスを成長させる

これからの時代は、競争ではなく「共生」がキーワードです。
まわりの人と共生し、応援し合える人が
ビジネスを継続できるでしょう。

ビジネスの10のステップは
ときに越えられない壁のように感じるかもしれませんが、
乗り越える方法はかならずあります。

ひとつずつ着実にステップを進んで、
共感し合える仲間と一緒に
ビジネスを右肩上がりに成長させていきましょう。

「時間・人・お金」の3つを満たしていく

ビジネスには、欠かせない3つの要素があります。
それは、「時間・人・お金」です。

・時間…自由に動ける時間をつくりましょう
・人　…仲間を集め、組織やコミュニティをつくりましょう
・お金…お客さまに喜んでいただいてお金を稼ぐことができると、
　　　お金持ちになれます

次章からは、
それぞれの要素について大切なことをお話しします。

第2章

人を大切にする経営

人が好きな人のもとに人が集まる

人とお金が自然と集まってくる人には、共通点があります。

それは、「目の前にいる人が好き」というところです。

わたしは「みんな違ってみんな大好き」を原点にしています。

人が大好きだからこそ、
ネガティブな指摘も、耳の痛いアドバイスも
しっかり聞こうと思えるのです。

そして、人が大好きだからこそ、

「この人の未来は、どうなっていったらよりよくなるだろう？」

と、ときにはお客さま本人よりも深く考えることができます。

目の前のお客さまに興味を持ち、
一緒に悩みを解決して未来をよくしていこうという想いが
良質なビジネスにつながっていきます。

結果的に、人もお金も自然と集まってくるようになるのです。

全員に好かれることを求めていませんか？

１００人中１００人が「いい」
と評する商品は存在しません。

人にはそれぞれ違う好みや
生活習慣があるからです。

・買い手…自分の好むものを求める
・売り手…万人に喜ばれるものを求める

ビジネスは、この違いに気づけるか否かで
大きく変わります。

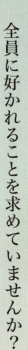

１００人全員に好まれるものではなく、
１００人のうちひとりでも
熱烈なファンになってくれるものを
見つけましょう。

流れが変わってくるはずです。

ひとりのファンを大切にしていますか？

多くの人に人気の商品も、
最初は「１００人のうちのひとりのファン」
が出発点です。

わたしはこれを「砂時計の法則」
と呼んでいます。

砂時計は、中央で砂を絞り込む
形をしていますよね。
なかの砂は、一度絞り込まれたあと
下に落ちてどんどん広がって
いきます。
いったんギュッと絞り込んでいるからこそ、
下で広がっていくのです。

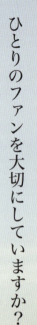

ビジネスでも同じことが起きています。
商品のターゲットを絞って
明確にしていくほど、
結果的に大きく広がっていく
傾向があるのです。

１００人のうちのひとりのファンに
商品が届き、喜んでもらえた結果、
徐々にファンが増えて
人気になっていくものです。

新しいサービスをリリースするとき、
最初からたくさんの
お客さまを集めようとするのではなく、
ひとりのファンに丁寧に向き合っていくことが、
ビジネスを成功させるための秘訣になるのです。

まずは「目の前のひとり」をしあわせにする

「たくさんの人に来てもらいたい」
「たくさんの人に買ってもらいたい」
という欲が強い経営者ほど、
ターゲットを絞り込めない傾向があります。

ここを乗り越えていくには、

「たったひとりの人をしあわせにする」

という考え方にシフトしていくことが大切です。

あなたが喜ばせたい人はどんな人ですか？
これから長くサポートしたいと思う、
理想のお客さまは誰ですか？

多くの人に好かれることを求めるのではなく、
目の前のたったひとりを大切にしていきましょう。

目の前の人にだけ集中していれば、
気づいたときには、
たくさんの人があなたのファン、
あなたの会社やビジネスのファンに
なっているはずですよ。

お客さまと向き合うことで自分の軸が見つかる

あなたは、どのような想いでビジネスに取り組んでいますか？

わたしには、自分の軸を見据えるきっかけになった
お客さまがいます。
いまでも、時々思い出す大切な出来事です。

それは、わたしがビジネスを始めたばかりの頃のこと。
当時は「モノ」が売れることが
嬉しくて、
メイクの仕事に
打ち込んでいました。

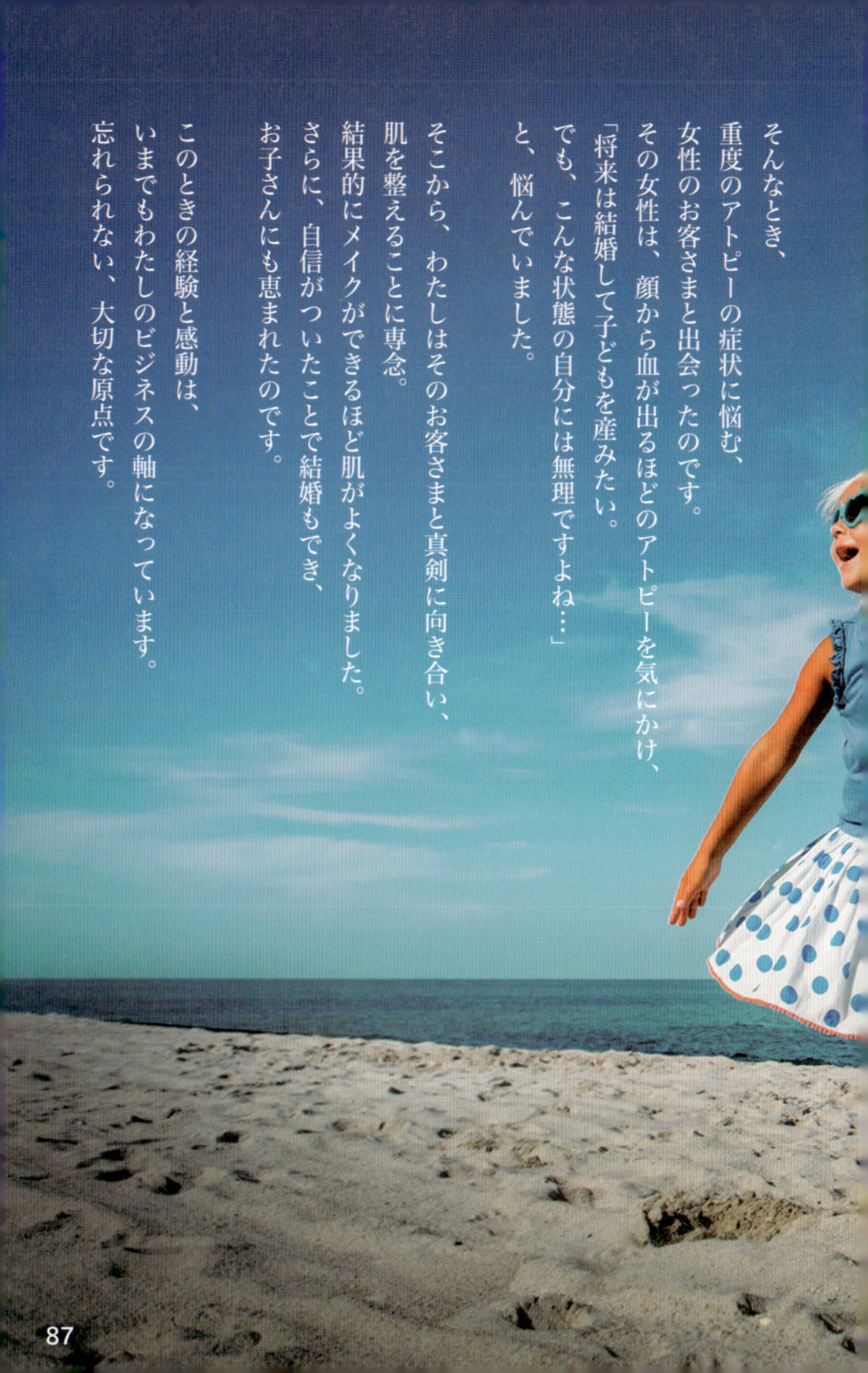

そんなとき、
重度のアトピーの症状に悩む、
女性のお客さまと出会ったのです。
その女性は、顔から血が出るほどのアトピーを気にかけ、
「将来は結婚して子どもを産みたい。
でも、こんな状態の自分には無理ですよね…」
と、悩んでいました。

そこから、わたしはそのお客さまと真剣に向き合い、
肌を整えることに専念。
結果的にメイクができるほど肌がよくなりました。
さらに、自信がついたことで結婚もでき、
お子さんにも恵まれたのです。

このときの経験と感動は、
いまでもわたしのビジネスの軸になっています。
忘れられない、大切な原点です。

大切なのは解決策を見つけて伴走すること

ビジネスで大切なのは、
「誰を、どうしてあげたいのか？」です。
商品は、あくまでお客さまの問題を解決するための
ツールなのだと心得ておきましょう。

わたし自身も、お客さまと関わるなかで、
「お客さまの悩みを聴き、
その人の理想の未来をつくる
お手伝いをすることがビジネスなのだ」
とわかりました。

商品自体を売ることが
目的になってはいけないと
気づいたのです。

あなたは、誰を、
どうしてあげたいですか？
どんな形で実現できるでしょうか？

お客さまが理想の未来に向かうことを、
全力でサポートすると決めて関わりましょう。

お客さまの数年先のゴールを思い描く

ビジネスはお客さまが本当に解決したいと願っている「悩み」から生まれます。

ただ、その先には「理想の未来」が
あることも忘れてはいけません。

お悩み解決だけを目的としたビジネスでは、
「解決したのでもう大丈夫です」
となって終わってしまうケースも少なくありません。

ところが、自分の「理想の未来」を叶える視点で見れば、
常に新しい目標が生まれるので、
お客さまの成長に合わせてずっと関わっていくことができます。

お客さまの10年後や3年後の未来を明確に思い描き、
しっかりサポートしていきましょう。
それが結果的に、こちらの成長につながり、
さらなるビジネスにもつながっていきますよ。

お客さまの「本当の願い」を叶えていますか？

「こうだったらいいのになぁ」という程度の
お悩みは、ビジネスにはなりません。
なぜなら、お客さま自身が本心では
「叶わなくてもいい」と思っているからです。

ビジネスを考えるときには、
「お金を出してでも解決したい深い悩み」

そして「お金を出してでも
たどり着きたい、理想の未来」
を見つけることが大切です。

どちらも、お客さまに寄り添って
真剣に向き合わなければ
理解できないことです。

ぜひ、目の前の人に
しっかり寄り添ってみてください。

相手のことを本当に思いやれると、
お客さまに喜ばれ、ビジネスも
人生も好転していきます。

お客さまの心からの望みを叶えるサービスを届ける

ビジネスには、
「262の法則」
と呼ばれるものがあります。

この法則では、
お金を払ってでも解決したい
悩みを持っている人がわかります。

上位2割の人
「プラスをもっとプラスにしたい」
↓本当に望んでいる

中間の6割の人
「もっとこうなったらいいなぁ」
↓このままでもいい

下位2割の人
「マイナスをゼロにしたい」
↓本当に望んでいる

このような人の心理を理解して、
お客さまの本当に望んでいることに
フォーカスしましょう。

あなたのサービスを
本当に望んでいる人と出会えたら、
心から喜んでいただくことができます。

あなたのお客さまは
どんな人で、どんな悩みを持っていますか？

「自分のやりたいこと」と「人のためになること」のバランスをとる

自分のやりたいことをするためには、
まわりの理解や協力を得ることが大切です。

意外に思われるのですが、
わたしは学生時代にビジュアル系
バンドを組んでいました。
練習をすると大きな音が出るので、
「近所迷惑よ！」
と母からよく注意されたものです。

ところがある日、近所の人から
「あなたのお子さん、いい歌を歌うのね」
と言われたことで母の態度が変わり、
その日以来、バンドの練習をしていても

注意されなくなりました。

あるとき、真っ赤なアメ車を買ったときは、
エンジン音が大きいので、
「そんなに大きな音を立てたら、
まわりに迷惑でしょう！」
と母に言われていました。
ところが、ご近所の方に
「好きな車に乗れていいね」
と声をかけられた途端、
また何も言われなくなったのです。

この2つの経験からわかったのは、
自分のやりたいことをするには、
周囲の理解が欠かせないということです。

自分さえよければいいという考えでは、
周囲からの反発が生まれます。
やりたいことを思いきり行うには、
まず、まわりの理解や協力を得るところから始めましょう。

ビジネスは相手のほしいものを知るところから

あなたは大切な人に、
日頃からプレゼントを贈っていますか？

「誕生日にお花を贈る」
といった明確な理由がないときも、
サッと素敵なプレゼントを用意できる人は、
日頃から人に興味を持って
何がほしいのか・何が必要なのかを
よく見ている人です。

その心がけが、
ビジネスにもつながっています。

相手の喜ぶプレゼント選びが苦手な人は、
ビジネスでも、自分の言いたいことばかり伝え、
お客さまのニーズより自身のやりたいことを優先して
提供しているのかもしれません。

ビジネスが伸び悩んでいて
もっと成長させたいと思うなら
相手が困っていること、必要としていることを
よくリサーチしてください。

わからなければ、「何がほしいですか?」
と聞いてもいいのです。
お客さまに興味を持ち、
お客さまにとって必要なものを提供しましょう。

つい見返りを求めていませんか？

成功している人たちは、
何かをするときに、見返りを求めません。

「何かお返しできることはないですか？」
と言われたときも
「わたしがしたことを、
あなたが誰かにしてあげてね」
と言える人に、応援が入るのです。

普段から
「募金をするとよいことが起こるんじゃないかな」
「誕生日プレゼントをあげたのに、
お返ししてもらえなかった…」

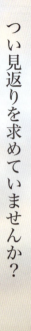

「この人に○○してほしいから、
これをしよう」
と思ってしまっている人は、
自分で、応援の循環を
せき止めてしまっています。

「自分は満たされている」という気持ちで、
お金や心や時間を使い、
相手に貢献していきましょう。

見返りを求めずにギブできるようになると、
自然と応援が入るようになります。

そうなったら、
自然とビジネスも伸びていくのです。

まずは自分から与える

ビジネスでは、何事も「まずは自分から与える」という心がけが大切です。

もしお金が入ってこないなら、普段から
人に何かをギブする心が足りていないのかもしれません。

ビジネスは、相手の困っていることや悩んでいることに対して
解決するための働きかけをすることでうまくいくものです。

自分の言いたいことを発信し、やりたいことだけをするのは
自分の利益だけを追求する「テイカー」の発想です。

お客さまの問題解決を優先しましょう。

ギブする気持ち、自分から先に相手に与える
気持ちでいることがビジネスがうまく
まわる秘訣なのです。

「ここまでしてくれるなんて！」と言われるまで徹底的に与える

お客さまに喜んでいただきたいのなら、
前述したように、与えて与えて与えましょう。

「こんなにしてもらっていいんですか？」
「ここまでしてくれるなんて、
ありがとうございます」
と言われるくらいまで、
徹底して行うことがポイントです。

わたしはそのために、
「１００人の無料モデル」
を募集していました。

このときに心がけたいのは、
絶対に売り込みをしないこと。
ただ「ありがとう」という言葉をいただけるように
真剣に取り組んでいると、不思議なことに
その熱意はお客さまに伝わります。

そして、お客さまのほうから
「友人を紹介したい」
「ここまでよくしてもらっているから、
お金を払いたい」
と言っていただけるようになるのです。

お客さまにここまで言って
いただけるサービスが
提供できるようになったら、
「本物」になった証です。

「ありがとう」と言われることを徹底する

ビジネスで不可欠なのは、信頼を積み重ねることです。
そのためには、まず、「ありがとう」と言われることを徹底しましょう。
スタッフがいるなら、社内全体で取り組みます。

わたしがまだメイクの仕事をしていた頃は、
まずお客さまの悩みを聴くことを心がけていました。
そして、すぐに解決できないことは
「考えるのに1週間待っていただいてもいいですか？」
とお伝えして、解決策を考えたら
来店していただいていたのです。
このように、目の前の「ひとり」を大切にすると、
より深い信頼関係を築くことができます。

わたしの仕事がオンライン講座や
コンサル事業に変わった現在でも、
「相手のお悩みを解決すること」
がコンテンツづくりに役立っています。

さらに、すぐにわからないことを
本やセミナーで学ぶ習慣は
自分の成長にもつながっていったのです。

お客さまと深い信頼関係を築くには
「ありがとう」をいただけるように、
徹底して取り組んでみませんか?

信頼を積み上げていくことで、
理想的なお客さまが集まり、
ビジネスも安定していきます。

お客さまにもっとも感動を与えられるのは「初回」

お客さまが一番感動されるのは、
いつだと思いますか？
それは、初回です。

ですから、
最初にしっかり結果を出して、
大いに喜んでいただけるように
しましょう。

じつは、最初にサービスを受けて
感動していただけたときが
まわりにも一番感動が
伝わりやすいため、紹介につながります。

輪を広げていくためにも、
最初は肝心なのです。

もし紹介をいただいたら、
アフターフォローまで
しっかり行ってくださいね。

コミュニティが大きくなっても
フォローが手薄にならないように
人と人とでつながる環境や
しくみを整えていくことが
大切です。

人たらしになってみる

「人たらし」とは、とても魅力的な人、対人関係を円滑にまわすことができる人を指す言葉です。

人たらしの人には次の8つのポイントがあります。

1　考え方がポジティブ
2　常に笑顔で愛想がいい
3　性別を問わず、人として人気がある
4　フットワークが軽い
5　気配りができる
6　人に頼ったり甘えたりすることが上手
7　聞き上手
8　人間関係にお金がかかっても気にしない

このような、
気持ちのいい人が、
「人たらし」です。

女たらしや
八方美人とは
違いますよね。

経営者こそ、
まわりの人を
惹きつける、
魅力的な
「人たらし」
を目指しましょう。

人を動かす力とは？

どんなことも、楽しみながら行いましょう。

わたしはよく「少年のようだ」と言われますが、
楽しそうにしていると、周囲の人も一緒に動いてくれますし
失敗しても笑っている分、
まわりも安心して挑戦しやすくなります。

物事を動かすのは人です。

失敗も成功も楽しみながら、
まわりの人を巻き込んでいきましょう。

紹介してもらえる人を目指す

紹介は、信頼関係が築けた証のひとつです。

その人の大切な人に、紹介してもらえるような
自分になっていきましょう。

そのためには、人間力を上げていくことが大切です。

「人間力を上げるにはどうしたらいいですか？」

と聞かれたとき、わたしは
「自分でこうなりたいという理想を決めること」

と伝えています。

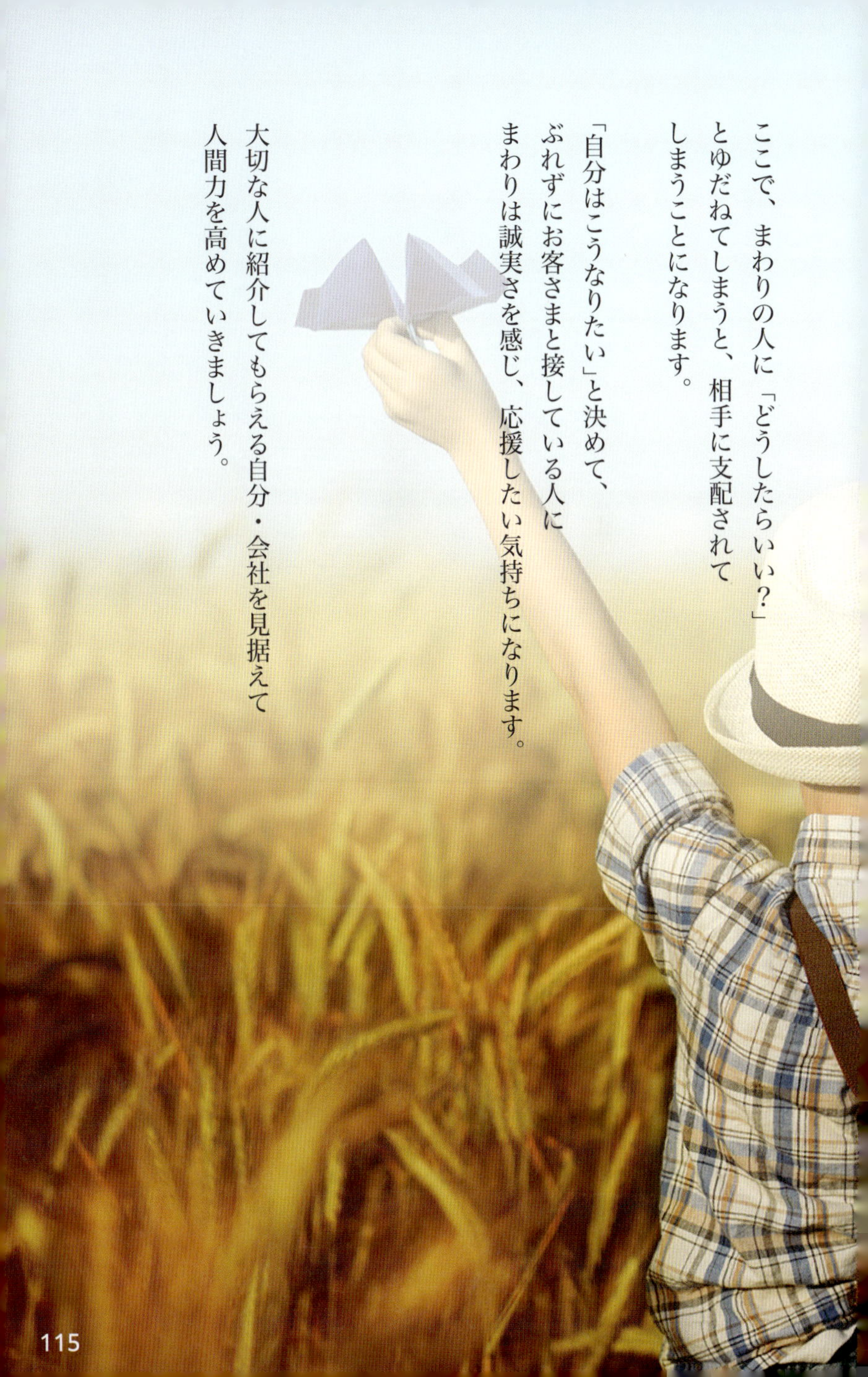

ここで、まわりの人に「どうしたらいい？」
とゆだねてしまうと、相手に支配されて
しまうことになります。

「自分はこうなりたい」と決めて、
ぶれずにお客さまと接している人に
まわりは誠実さを感じ、応援したい気持ちになります。

大切な人に紹介してもらえる自分・会社を見据えて
人間力を高めていきましょう。

自分の仕事に誇りを持つ

紹介や営業が苦手というスタッフがいたら、
自分の仕事に誇りを持てるようにマインドセットしましょう。

わたしがエステサロンを経営していたとき、
多くのスタッフが
「この人を、最初の『たったひとりのお客さま』にしたい」
と言って最初に連れて来るのは、
大概母親や姉妹でした。

このとき、わたしはご家族にかならず挨拶をして
信頼関係を築けるように心がけていました。

ご家族が安心することで
娘さんのエステの仕事を応援してもらえるようになるからです。

家族に応援されたスタッフは、会社や仕事に対して誇りを持つようになり
「自信を持ってお客さまに伝えられる」
というマインドになっていきます。

経営者にとっては、
スタッフのマインドセットをサポートすることも
大切な役割のひとつです。

紹介や営業が
苦手という人は、
まず自分の仕事に
心から誇りを持てるよう
心を整えましょう。

ブランドの軸が定まると、必要なものが集まってくる

ブランドが確立してくると、
必要な人材・必要なものが集まってきます。

足りないものを埋めようとする
自然の法則が働くからです。

たとえばわたしの場合、お金の計算が不得意です。
ところが、得意なコンサルに集中していると、
経理が得意な人が集まってきてくれます。

自分の長所は誰かの短所、
自分の短所は誰かの長所でもあるのです。

人はお互いの長所を発揮し合い、
短所を補い合うことで
上手に調和をとりながら生きています。

お金の計算が得意になるように
勉強するのもひとつの方法ですが、
周囲と助け合い、
バランスをとることも
美しい経営には必要なのです。

自分の得意なことと、
自分に足りないものは
何なのかを明確にしてみましょう。

自分の軸が定まると、
必要なものは自然と集まってきますよ。

個性を認め合う仲間をつくる

現在は働き方が多様化して、
好きなことをビジネスにする人が増えてきました。

ひとりでビジネスを行っている人もいれば
チームでビジネスに取り組んでいる人もいますが、
これからの時代は、
チームで取り組める人のほうがうまくいくでしょう。

わたしのコミュニティには、
それぞれ違う個性や
得意なことを持った人たちが集まっています。

違う分野の人たちが一人ひとりの違いを認め合ったうえで、
それぞれの強みを活かして活動するからこそ、
のびのびと自分本来の力を発揮できるようになるのです。

あなたも、ぜひ自分の想いに共感してくれる
仲間をつくるところから始めましょう。

応援する人が一番応援される

仏教の、「長い箸」のお話をご存じですか？

地獄では、みんな自分の長い箸で
一生懸命ご飯を食べようとしますが、
自分では食べられないので、
みんなが飢えています。

天国では、みんな自分の長い箸で
まわりの人に食べさせ合うので、
みんなが満たされてしあわせになるというお話です。

この「長い箸」のお話は、
ビジネスにも当てはまります。

何かを与えてもらったら、
人はお返しをしたくなるものです。
与えることが好きな人には、
多くのお返しが返ってくるのです。

人を応援する人が一番応援されます。
自分がいる場所を、
自分で天国にしていきましょう。

見える世界が
確実に変わっていくはずです。

応援の循環をつくる

人のため、社会のために活動している人、
まわりをよくしたいという気持ちから活動を行っている人には、
かならず応援が入ります。

人を喜ばせるために活動している人、
自分が掲げた目標に対して、真摯に取り組んでいる人には、
お金を使いたくなる気持ちがわいてくるものです。

「この人にお金を払って教わりたい」
「この人から商品を買いたい」
と思っていただける人・会社を目指してください。

まわりを応援する人が、一番応援してもらえる人になります。
まわりの人を応援して、
自分で応援の循環をつくるところから始めましょう。

応援し合いながら生きるには？

ありがたいことに
「いろいろな人のことを応援していますね」
「大沢さんのように働きたいです」
と言われるようになりましたが、
自分では無理をしてがんばっている感覚はありません。

いまのほうが、旅行にも出かけられて、
一番風呂にも入れるようになりました。

以前はいつも深夜に最後の
お風呂に入っていたので、
明るい時間帯に入浴できるのは
本当にしあわせです。

このような生活に変われたのは、
ギブの循環のおかげだと思っています。

これまで見返りを求めずに、
相手のことを考えながら
動いてきたことで
いまはチームや周囲の人々が動いて
くれるようになりました。

お客さまに対しても、
チームや仲間に対しても、
見返りを求めずに動きましょう。
その先に、応援し合い、調和しながら
生きるステージが待っていますよ。

夢を叶えるための「パートナー」を目指す

あるお客さまから、
「大沢さんは、商品を売っているのではなく、
その人の未来に対して、
わくわくすることを提案していますね」
という、嬉しい言葉を
いただいたことがあります。

相手の話を聞いていると
その人の未来が映像として
出てくる感覚があります。

それを言葉や図にして明確にしていくと
「これをしたいです！」
「じゃあやろう！」
と、理想のゴールが見つかるのです。

ゴールが決まってから、
その人に合ったものや必要なものを提案することで
ビジネスにもつながっていきます。

ビジネスは、お客さまと一緒に
理想の未来を描くところからスタートします。

最善策を一緒に真剣に考えて実行する、
夢を叶えるための「パートナー」を目指しましょう。

良好なパートナーシップを築く秘訣は相手を「否定しない」こと

人には「パートナー」が必要です。
友人、伴侶、スタッフ、事業者…、
さまざまなパートナーがいます。

わたしは、奥さんからも
「パートナーには、本当に恵まれているね」
と言われますが、本当にその通りだと思います。

その理由を考えたときに思い出したのは、
尊敬するビジネスパートナーから、

「大沢さんは、いつも『いいですね』『やりましょう』と
肯定から入ってくれるから非常に気持ちがいい」
と言っていただいたことです。

どんな人でも、自分の意見を否定ばかりする人とは
一緒にいたくないものです。

「それは無理ですよ」という言葉を
無意識に使ってしまっていませんか？

パートナーと良好な関係を築くためにも、
相手の意見を尊重し、
否定しないようにしていきたいものです。

お互いの「得意」を発揮できる関係性を築く

出会う人すべてが、
わたしにとっては将来のビジネスパートナー候補です。

講座に来てくださった人も、コンサルに訪れてくださった人も、
「先生と生徒」ではなく、
「ビジネスパートナー候補」
と思って接しています。

わたしは出会った人のことを徹底的に応援し、
味方になることを掲げています。

そのなかで、相手の不得意を
こちらがサポートし、
こちらの不得意を相手に

サポートしてもらえるような
いいバランスを探していくのです。
お互いの得意を発揮できる関係性をつくり
みんなでビジネスを拡大していきましょう。

ライバルさえも味方にしていく

出会う人すべてがビジネスパートナー候補だと
思えると、ライバルがいなくなります。

わたしは昔から競争が苦手なので、
「一緒に組もう」という考え方をしてきました。

同業の人でも、同じ能力がある人でも、
その人の夢を徹底的に応援することで、
関係性は変わります。
ライバルではなく事業パートナーになれるのです。

ひとりで何でもできる完璧な人を目指すより、
相手を応援し、業界内で調和しながら、
みんなで夢を叶えていきましょう。
ライバルが味方になると、
「戦わない経営」ができるようになり、
ビジネスも右肩上がりになっていくのです。

お客さまには「未来のパートナー」と思って接する

アメリカの格言に
「早く行きたければひとりで行け。遠くに行きたければみんなで行け」
という言葉があります。

みんなで遠くに行くには、
目の前のことよりも未来を見ることが大切です。

わたしがまだエステ業界にいたとき、
「この人を正社員にできたらいいな」
という発想でお客さまと
接していました。

その結果、売上も、
共感してくれるスタッフも得ることができたのです。

目の前の売上だけを見て「お客さま」をただ「お客さま」という
発想だけで接していると、リピートは取れません。
わたしがお客さまと30年以上のお付き合いができているのも、
最初からビジネスパートナーを
ゴールに見据えているからだと感じています。

自分が学んだ人や教えたことがある人とは、
想いや考えを理解し合えるので
よいビジネスパートナーになりやすいのです。

目の前の売上だけでなく、
未来を見据えてお客さまと接していきましょう。

学びはビジネスパートナーの育成にもつながる

学びは真似ることから始まります。
表面的な行動だけでなく、
その人の考え方を真似るので、
育成にもつながります。

学びのなかで「あり方」と「やり方」を
インストールできると、
想いや考え方にズレが少なくなるので、
将来的にビジネスパートナーになったときに
トラブルが起きにくくなるでしょう。

お金のつながりだけの
ビジネスパートナーとは、

言葉だけ、利益だけの関係に
なってしまうのでうまくいきません。

だからこそ、学びの時間を経て、
自分の想いや考え方に
共感してくれる人を
ビジネスパートナーに
据えることが大切なのです。

第3章

美しく収益をあげる

稼ぐ女性は美しい

ビジネスを通してわたしがお伝えしたいのは、「稼ぐ女性は美しい」ということです。
億単位のお金を稼ぐ人のなかには、「お金は愛と感謝だ！」と言う人もいます。
お金は、人をしあわせにする素晴らしい道具でもあるのです。

大切なのは、稼いだあとにどうするかにかかっています。
お金の使い方をしっかり考えて、ネガティブなイメージをなくし、
稼ぐことへの抵抗をなくしていきましょう。

「こうなったら嬉しい」とワクワクしながら働き、
お客さまに喜ばれながら稼ぐ女性の姿は
キラキラと輝いていて、とても美しいものなのです。

あなたも一緒に、美しく稼いでいきませんか？

稼ぐことへの抵抗感を手放していく

あなたは、お金を稼ぐことに対して
どんなイメージを持っていますか？

これまで多くの起業家・経営者と仕事を
ご一緒してきましたが、女性は男性と比べ、
お金を稼ぐことに対して
ネガティブなイメージを持っている人が多いようです。

ビジネスを拡大させて
うまくいっているように見える人であっても、

「男性より稼いでしまうと、
関係性が悪くなるのでは…」
「家庭を疎かにしていると思われそう…」
「子どもがいるのに仕事ばかりして、母親失格だ…」
と、稼ぐことに対して抵抗感を
感じている女性は少なくありません。

お金はお客さまが喜んでくれた証です。
そう考えると、
稼ぐことは悪いことではありませんよね？

知らない間に根づいてしまっている
お金のブロックを
解消していきましょう。

稼ぐと決めると
漠然とした不安が消える

人生100年時代と言われるようになり「漠然とした将来への不安」を抱えている人が増えています。

起業家・経営者も同じです。

人は、何かを決断できないときに、「どうしよう…」と不安になる傾向があります。

そのため、「こんな未来にする！」と決めることで不安が消えていくのです。

あなたも、
もし将来への漠然とした不安を感じているなら
「もっと稼ぐ」と未来を決めて行動してみてください。

行動し、いままで以上にお金が稼げるようになると、
徐々に不安も薄れていきますよ。

お金へのネガティブな思いを手放す

お金に対してネガティブな印象を持っているのは、
子どもの頃の思い込みのせいかもしれません。

お金を稼ぐ行為は、会社にとって一番必要なことです。
そして、楽しそうにお金の話、商品の話、
会社の話ができる人は「お金を汚い」と思っていません。
だから、どんどんお金が入ってくるのです。

わたしは子どもの頃、母親が
「眼鏡を売りつけてきた！」
「いらないのに、今度は布団を買わないかと言われた！」
と言っていたのを聞いて、
物を売ることにネガティブなイメージを抱いていました。

その思い込みを外してから、
お客さまへの提案が楽しくなり、
仕事が楽しくなり、お金の話も楽しくなり、
お金が集まってくるようになりました。

お金にまつわるネガティブな記憶がないか
振り返ってみましょう。
理由を知ることで、不要な思い込みを
手放すことができますよ。

稼ぐことは「愛と感謝をめぐらせること」

稼ぐことは、「愛と感謝をめぐらせること」です。

わたしは働く女性とその家族がしあわせになり、
まわりの人たちもしあわせになるお金の稼ぎ方を伝えたい。
そのために、ひとりでも多くの女性が
生き生きと自分のビジネスを展開していけるように
「しくみ」をつくることが、
現在の自分の役目だと思っています。

でも、想いを具体的に
イメージできていないうちは、
いくら行動しても、結果が出ません。

未来を具体的に思い浮かべてみてください。

「自分はどうするのがしあわせなのか？」

「誰とどんな人生を歩みたいのか？」

「人生でどんな感情を味わいたいのか？」

すぐにはわからなかったとしても、
日常のなかの小さなしあわせに
目を向けていると、
自分の軸が見えてくるはずです。

あなたにとってのしあわせを明確にして、
自分から愛と感謝を循環させていきましょう。

お金に恵まれる人の共通点とは？

お金に恵まれる人には、ある共通点があります。

それは、頭がいいことでも
スキルがあることでも
強力な人脈があることでもありません。

人を大切にできることです。

人を大切にできる人は、
いつも相手に興味を持ち、観察しています。

だからこそ、ちょっとした変化に気づき、
困っているときに手を差し伸べられるのです。

そうして積んだ徳は、
お金としてその人に返っていきます。

お金は、人に喜んでもらった証なのです。

お金の使い道を考える

お金を稼ぐことに抵抗感がある人は、
お金への価値観や
「お金＝権力・欲・汚い」といった
ネガティブイメージを
持っているのかもしれません。

では、お金に対するネガティブな
イメージを持っている人は、
どうしたらいいのでしょうか？

それは、稼いだお金をどう使うか、
明確に思い浮かべることです。

・お世話になっている人たちに
定期的な食事会を開く

・家族と一緒に、年に四度は旅行に行きたい
・子どもに十分な教育を与えてあげたい

このように、お金を何に使いたいか、
一度書き出してみてください。

きっと、素直に
「こんなことができたらしあわせだな」
と思えるものが多いはずです。

そのリストを見れば、あなたのお金の使い道は、
権力のためでも、ただの欲でも、
汚いわけでもないということがわかるでしょう。

お金は、稼いだあとの使い方が重要です。
美しく稼いで、美しく使いましょう。

お金は美しいもの

あなたは、お金は美しいものと
思っていますか？
日頃からお金の話をすることを、
よくないことと思ってはいませんか？

わたしは笑い話で、周囲から
「またお金の話をしている」
とからかわれたりしますが、
わたしにとって、お金の話は
普通の話題です。

お金の話を恥ずかしいこと、
よくないことと思うメンタルブロックを
解放していきましょう。

わたしは子どもにも
お金を大好きになってもらうために、
現金を手渡ししていました。

お金は本来美しいものです。

お金の話は、楽しいことだと
思えるようになると、
もっと楽しくビジネスに
取り組めるでしょう。

お金は感情をあらわしている

ビジネスをしていくうえで、
お金と向き合うことはとても重要です。

お金は、感情をあらわします。
「お金＝愛、感謝、喜び」
とわかっている人は、
お金に好かれているでしょう。

お金は、受け取るときだけでなく、
払うときの気持ちも大切です。
たとえば、気になっている
新商品を買いに行くとき、
わたしは子どものように
ウキウキしてお店に向かいます。

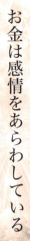

「やっと買える。嬉しい！」
と、買う喜びを感じるのです。

これは、
お客さまに買っていただくときも同じです。
「やっとここまで来た！」
と、買っていただける喜びの感情が
わいてきます。

お金を支払うときも、
商品やサービスを受け取るときも、
同じように喜びの気持ちを
感じられるようになると、
ビジネスはどんどんうまくいきますよ。

お金をいただくことに恐怖や罪悪感を持っていませんか?

お金を支払うときの気持ちを
思い出してみましょう。

たとえば、旅行に行くとき、
嬉しさがある反面、
「お金がなくなってしまう」
という不安な気持ちで
お金を支払う人がいます。

お金をお客さまからいただくときも
「自分なんかがお金をいただいていいのか…」
「仕事がうまくいっていないから、
お金をあまりいただけない…」
といった、喜びとは正反対の気持ちを
持ってしまう人がいます。

お金を稼ぎきれない人は、
恐怖や罪悪感に振り回されているのです。

そして、商品やサービスを売る際に
「なんて思われるだろう…」
と考え出すと、売ることが苦痛になります。
すると、お金を素直に受け取れなく
なってしまうのです。

いつの間にか、恐怖や罪悪感に
振り回されていませんか？

自分がお金に対してどのような
気持ちを持っているのか、
振り返ってみましょう。

お金は自分の気持ちを見直すチャンス

お金はポジティブな気持ちで払い、
受け取るのが理想的です。

いつも喜びの気持ちがある人はうまくいきます。
反対に、不安の感情が大きい人はうまくいきません。

日頃から、喜びよりも不安が大きくなっていないか、
自分の感情を見直してみてください。

お金と向き合って、心から感謝の気持ち、
喜びの気持ちがわいてきたら
お金に対するマインドが外れた証拠です。

ステージが上がるたび、
経営者は、定期的にお金への気持ちを
見返す必要があります。

お金は逃げるものと思っていませんか？

お金はなくなると思っている人は、

「お客さまは逃げるものだ」

「お客さまは逃げるものだから、逃してはダメだ」

という感覚を無意識に持っています。

反対に、お金はまわってくるものと思っている人は、
お客さまに「どうぞ、ゆっくり決めてくださいね」
と声をかけることができます。

お客さまがどちらの人から買いたいか、
一目瞭然ですね。

お金は逃げるものという思い込みを持っている限り、
お金がまわり続けることはありません。
意識が変わらなければ、
いつまでも追いかけ続けてしまうでしょう。

一方、お金に好かれる人は
お金はまわってくるものと心から信頼しているので、
どんどん循環して入ってきます。

あなたはどちらですか？

豊かな人は先にお金を出す

商品やサービスを売るときの気持ちと、
購入するときの気持ちは、
同じ感情でなければいけません。
お金を使うときに「お金が減った」
と考えるのはやめましょう。

でも、実際はイコールになっていない人が
多いのではないでしょうか。

お金を使うときは、商品やサービスの対価を
いただくときです。

人はお金を支払って、何かを得るときに
喜びを感じます。

たとえば、ハワイ旅行に行くとき
旅行費用を支払いますね。

そのときは、「ハワイに行ける！」と、
いい気持ちでお金を使っているのでは
ないでしょうか。

お金をいただくときも、その気持ちと
同じでなければいけません。
でも、同じ感情ではない人が多くいます。

会社員という働き方をしていると、
お金を払ってもらうことやお金を使ってもらう
ことばかりだからかもしれません。

支払うときも受け取るときと同じくらい、
嬉しい気持ちでお支払いできるようになると、
どんどんお金の循環がよくなっていきますよ。

お金とは愛と感謝と喜び

お金は、愛と感謝と喜びです。
ですから、お金を運んでくれる
お客さまにも愛と感謝と
喜びで接しましょう。

これは対面していなくても同じです。
「どんな言い方をしよう」
というやり方ばかり気にしていたり、
「SNS投稿の返信が大変だな…」
と、愛と喜びとは違う接し方を
していたりすると
自然とお客さまが
避けていってしまいます。

お金にもお客さまにも、
愛と感謝と喜びで
向き合いましょう。

お金に対する自分自身の
認識を明確にすることが
大きな一歩なのです。

お金は与える人のところにやってくる

ビジネスは、お客さまに喜んでいただくためのものです。

まずは与えて与えて、喜んでいただくことから始めましょう。徳は積み上げていくと、めぐりめぐってお金となって戻ってきます。

たとえば、何かよいことを学んだら、まわりの人に教えることまでセットで行いましょう。それが人に与えることになります。

「いつもいろいろ教えてくれる、
○○さんのところで勉強しよう」
「せっかく買うなら、
お世話になっている○○さんの
ところに行こう」

このように思い出してもらえる
ようになったら、必死に
集客する必要もなくなります。

もしかしたら、
まわりの人に与えても
すぐにいい結果は返って
こないかもしれません。

それでも焦らず
与えて、与えて、与え続けましょう。

お金が増えない人の特徴とは?

お金が増えない人には、
大きく分けて2つの特徴があります。

ひとつは、

「何かを売ると嫌われてしまわないか不安になる…」

と思ってしまう人です。

誰でも、商品を売ることが
苦手と思う瞬間もあります。
それでも売れている人は
お客さまに提案することが
「楽しいです」と言ってのけるのです。

もうひとつは、
お金をいただくことが悪い、
売ることが悪いと思っている人です。

また、お金を喜びや愛、
感謝の気持ちとのエネルギーの交換
と思っていない人は、
やはりお金が最終的に
増えません…。

ポジティブな気持ちでお金を扱うこと。
これをスタッフにも周知させられたら、
会社全体が発展していきます。

応援してもらったら
しっかり感謝を伝えよう

自分がお金を使うときに表情や態度で
感謝の念を最大限あらわす人と、
そうでない人がいます。
これが、応援される人と
されない人との違いです。

いつも人のために
お金使っている人は、
どう受け取ったら
相手が嬉しいのかも
よくわかっています。

だからこそ、最大限で喜びを
表現できるのです。

逆に、感謝を表現しない人は
「この人は、人のためにお金を
使っていないな…」
とわかってしまうでしょう。

喜んでもらえたら、
またしたくなるのが人間です。
上手に感謝を伝えられる人には、
どんどん応援が入っていきますよ。

お客さまの財布ばかり
気にしていませんか？

お客さまに興味があるのか？
お客さまの財布に興味があるのか？
あなたはどちらでしょう。

財布を開いていただくには、
その人の心を開かなくてはいけません。

そのためには、
信頼関係を構築することが
大切です。

信頼関係が構築できたら、
心を開いていただき、

次は財布を開いていただき、
最後にお金を
いただけるのです。

財布を開くときに、
喜びで開くのか、
恐怖や不安で開くのかも重要です。

わたしは、やはり喜びの気持ちで
財布を開いてもらいたいので、
お客さまを喜ばせることを
何よりも大切にしています。

あなたの意識は、お客さまの財布に向いて
いませんか？

うまくいかないときは、やり方だけでなく、
自分のマインドも見直しましょう。

お客さまをどうやって喜ばせることができるかを考える

ビジネスは、お客さまの悩みを解決することと、
その人がどうなりたいかという未来を
実現させることが大切です。

たいていの人は、お客さまが目の前にいると、

「どうやって売ろうか」

「どうやって伝えようか」

に意識を向けがちです。

でも、それではお金は
いただけません。

お客さまがどうしたら
喜ぶかということを
一番に考えましょう。

お金が集まってくる人は、
いつも人を喜ばせています。
お客さまの悩みを喜びに
変えることをしましょう。

うまくいかない人は、どうすれば売れるか
という手法ばかりに気を取られていないか
振り返ってみてください。

お金はエネルギーの等価交換

お金はエネルギーの交換です。

「これがほしい！」
と買う人と
「よいものが見つかりましたね！」
と言って売る人は、
お金を通じて、
エネルギーを交換しています。

無形サービスを提供している場合も、
お客さまからはお金をいただき、
こちらはその人の課題を解決する

という等価交換で
お金のエネルギーがまわっている
状態なのです。

このときのエネルギーが
ネガティブなものになるのか
ポジティブなものになるのかは、
あなた次第です。

ポジティブなエネルギー交換が
できるようになると、
ビジネスがますます楽しくなり、
良質なお客さまも増えていくでしょう。

丁寧にお客さまに関わっていく

「お客さまとどんな話をすればいいですか？」

という質問をよく受けます。


たとえば、1億円のマンションを買うときに、

「だいたい1億円くらいです。あとはここにサインしておいてくださいね」

と言われたら、「ええ!?」と驚きますよね。


金額が大きければ大きいほど、しっかり金額を提示して、楽しそうに、喜びの気持ちで会話をしないと、購入するお客さまは不安で仕方がなくなってしまいます。

1億円の契約をしてもらえる人は、
お客さまと同じくらい、喜びの気持ちを高く
持っているものなのです。

金額が大きければ大きいほど、
そこに関わるエネルギーが高くなければいけません。

省略せず、丁寧に
関わっていく姿勢がないと、
喜びの気持ちで価値の交換ができないのです。

お客さまとお話しするときは、いつも丁寧に、
喜びの気持ちで接しましょう。

お金は人との関わりのなかで生まれるもの

お金と時間と人には、密接な関係があります。

24時間という時間は、世の中のすべての人に与えられた
平等な時間です。

みんな24時間という時間のなかで、
人と関わり、お金を生むので、
時間を大切にできない人は、お金も増えません。

お金と時間と人、お金が増えるのはこの組み合わせです。
当然同じ24時間という時間でも、
人との交流やコミュニケーションに
自分の時間を使っている人は、
お金もめぐってきます。

人との交流を丁寧に行う人ほど、
お金は循環するものなのです。

お金は「信頼の証」でもある

お金のお支払いを続けていただけるのは、
最大の信頼の証です。

お客さまとただ仲よくなっても、
商品を買っていただけるわけではありません。

お金をいただける人は、
人間関係の構築ができている人、
信頼されている人です。

人間関係が構築できている人は
相手から
「これがほしいんです。売ってもらえますか？」
と言ってもらえます。

お金も人も時間も丁寧に扱える
「信頼される人」を
目指したいものですね。

もっとも効果的なお金の使い方は「学び」

お金の使い方を見直すなら、
学びにお金を使いましょう。

北欧は福祉国家で有名ですが、
教育もとても充実しています。
北欧はほとんどが小さな国なので、
他国から国を守るために
力を注いできたのが教育でした。

北欧では、幼少期から働くこと、
職業に関することを教えています。

一方、現在の日本は学校に入るために
教育を受けます。
教育の仕方でも、考え方がまったく異なるのです。

でも、自分の未来を変えていくために
一番必要なのは、教育です。
どんな学びであっても、
教育には大きな価値があります。

わたしたち大人も、
お金の使い方を見直すなら
自分の未来に投資すると思って
学びにお金を使いましょう。

それが、未来の自分を豊かにする、
もっとも確実な方法なのです。

未来のために教育にお金を使おう

うまくいっている人は、
未来のための学びにお金を使っています。

3年後、5年後の自分のために、いま学びましょう。

教育や学びは、すぐにお金になったり、
成果が出たりはしません。
つまり、種まきです。

自ら学んでいる人は、あり方ごと整っていきます。

不平不満も言わず、まわりを変えようとせず、
自分で行動して、未来を変えていけるのです。

もし、現在うまくいっていないのなら、
過去に学びという投資をして
こなかった結果かもしれません。

わたし自身、学びを通じて物事の見方も、
あり方も大きく変わりました。
そして、教育する側として携わることによって、
人生が豊かになってきたと感じています。

だからこそ、一番の投資は教育であると
自信を持ってお伝えすることができます。

人は何歳からでも、学び始めることができます。
1年後、10年後の未来のために、
教育に時間とお金を使っていきましょう。

第4章

美しい時間の使い方

時代の流れに乗っていますか？

時代の移り変わりやお客さまの変化に、
合わせられていますか？

以前と同じことをしていても、
うまくいかないときは、
あなたのアップグレードが
間に合っていないのかもしれません。

あり方さえ整っていれば、
やり方やツールはいかようにも
変えることができます。

時代の流れとお客さまのニーズの変化を
見逃さないように、
常にアップグレードしていきましょう。

お客さまをよく見て
時代の変化に対応しよう

現代は、インターネットやSNSで
さまざまな情報が簡単に手に入るようになりました。
知識を伝えるだけでは、
ビジネスにならなくなってきているのです。
知識やスキルやノウハウよりも、
「仲間と一緒に実践しましょう」
「成果を出していきましょう」
という体験を重視する人が増えています。
時代の変化に合わせて、
お客さまのニーズも変わっていくものです。
常にお客さまの目線に立って、
求められていることを探していきましょう。

時代に合わせてツールを活用する

現代では、SNSなどで個人が直接発信できる時代になりました。

多くの人はSNSで「みなさん！」と大々的に発信しています。もちろん認知は広まりますが、SNSだけではお客さま個人との関係性は深まりません。

一方、メルマガや個別メッセージなどは、「〇〇さん」と個人名で呼びかけることができるツールです。

そうすることで、
「わたしのことだ！」
と思ってもらえるので、
反応も変わります。

お客さまとの信頼関係を
ゆっくり育てるために
ＳＮＳやメルマガを
上手に活用していきましょう。

過去でも未来でもなく
目の前の「いま」に集中する

過去ばかりを見すぎる人は、

「こんなことがあってつらかった」

とトラウマにとらわれ
「昔はよかった」

と過去の栄光にすがってしまっています。

一方、未来ばかり見すぎる人は、
思考が飛びすぎて、
地に足がつかなくなってしまいます。

現実を動かしていくには、
「いまここ」がもっとも大切です。

自分をしあわせにできるのは、
過去と未来の真ん中にある「いま」なのです。

目の前のことに集中できるようになると、
おのずと人生が満ち足りたものになっていきますよ。

未来の話をしながら、目の前の問題を解決する

目の前の問題にばかり気をとられていると、
理想の未来から、意識がぶれていってしまいます。
ビジネスを成功させるには、未来をワクワク思い描くことが大切です。
ただ、未来の話をしているだけでは、夢は叶いません。
うまくいく経営者たちは、夢を語ったあとで、
「具体的に何をすればいいか」目の前の問題を解決していきます。
このバランスが大切なのです。
時間を味方につけることができると、現実がどんどん変わっていきます。

「自分の時間」を確保できていますか？

「とにかく時間がない！」

多くの経営者から、相談を受けることです。

ビジネスには、「人・お金・時間」という3つの要素が欠かせません。

どれも重要なのですが、わたしはとくに、

「時間持ちになりましょう」

とお伝えしています。


お金を稼ぐには、そのための時間が必要です。

一緒に進めてくれる仲間も欠かせません。

時間があり、人がいて、はじめてお金も手に入るのです。


反対に、最初からお金持ちを目指そうとすると、

「時間がない」

「人（お客さま・スタッフ）がいない」

という壁にぶつかって、
うまくいかなくなってしまいます。

すべての人に平等に与えられているものが、
「1日24時間、1年365日」という時間です。

自分の時間は、迷わず確保してください。
時間の使い方次第で、人生はガラッと変えることができます。

24時間の使い方からビジネスを見直す

あなたは24時間をどのように過ごしていますか?

ただぼんやりと時を過ごしてしまう人
日々忙殺されている人
自身の使命に向かって毎日を生きている人
どんな人も1日24時間を生きています。

人生は時間でできているもの。
そして、ビジネスは限られた時間のなか、
人と交流することでお金をいただきます。
あなたは限られた時間をどのように使っていますか?
いま一度、時間の使い方からビジネスを見直してみましょう。

経営者は時間を有効に使う

時間は誰にとっても有限ですから、
どの時間に何をするのかが重要です。

個人で考えると、時間は1日24時間しかありません。
しかし、経営者の場合、
10人の組織なら単純に２４０時間という時間があることになります。
経営者は、時間を有効に使ってお金を稼ぎ、
全員に分配することが大切です。

「お客さまのためだから」
「みんながんばってくれているから」
といって、自分の時間を削っている経営者さんは大勢いますが、
経営者にこそ、自分がやるべき経営に集中する時間が必要なのです。

安定した経営をしたいのなら、
経営者がしっかり
「自分の時間」を確保しましょう。

そのために、
人に任せられることやお願いできることは
「引き算」することも大切です。

現状を知るためには、
自分の時給を計算してみるのもおすすめです。
自分の時給がわかると、
その1時間で何をすればいいのか、
やるべきことが明確になっていきますよ。

経営者がするべき3つのこと

経営者の仕事をシンプルに考えると、するべきことは3つだけです。

1　未来（目標）を決めること
2　年間計画を立てること
3　前年の同じ月と比較すること

年間計画といっても、
1月にお正月、
2月にバレンタイン、
12月にクリスマスというように、
年間行事は毎年変わりません。

そのため、一番最初に未来を決めて、
前年のものを参考に
効率よくブラッシュアップするのが
おすすめです。

多くの人は、先月と比べるという
発想になりがちですが、
経営者は、前年と比較して
考えていくクセを
つけていきましょう。

年間スケジュールには大切な予定から入れていく

人生は「時間」でできています。
そのため、しあわせな人生を生きるには、
限られた「時間」のなかに、何を入れるのかが重要です。

スティーブン・R・コヴィーは、
重要事項を優先することを
「大きな石」にたとえて紹介しています。
（参考『完訳7つの習慣 人格主義の回復』キングベアー出版）

コップのなかに小さな石を先に入れてしまうと、
大きな石が入りません。
先に大きな石からコップのなかに入れ、

そのスキマに小さな石を入れましょう。
もし、小さな石が残ってしまったとしても、
それは重要なものではないので、問題ありません。

これは、時間の使い方も同じです。
スケジュールを立てるときには、
大切なものから先に入れるようにしてください。
以前のわたしは、お金の優先順位が1位だったので、
お金を稼ぐことばかりしていました。
でも現在は、先に旅行のスケジュールを入れてから、
年間計画を立てています。

年間のスケジュールを先に考えておくことで、
ビジネスもプライベートも充実し、
人生の満足度が上がります。
納得のいく年間計画を考えてみてください。

あなたの優先したいことはなんですか？

あなたは、望む未来を実現するために
予定を立てていますか？
もし、立てているとしたら、
それは実現可能な立て方でしょうか？

わたしの場合、人生で優先したいことは大きく3つあります。
1　自分のやりたいこと
2　本命商品
3　会員制ビジネス（サブスク）
ですから、この3つを優先してスケジュールに入れています。

自分のやりたいことを決めたあとは、
本命商品の予定を立てていきましょう。

時系列順に考えて、単価の低い、
説明会などの予定を先に入れないように注意してくださいね。

経営者の場合、商品単価が数百万円になるものもあるため、
本命商品の販売や営業に関わるスケジュールは、
最初につくっておくことが大切です。

このときに、理想のゴールから逆算して
考えることもポイントです。

自分の優先したいことをきちんと行うことで、
人生の充実感は格段に上がります。

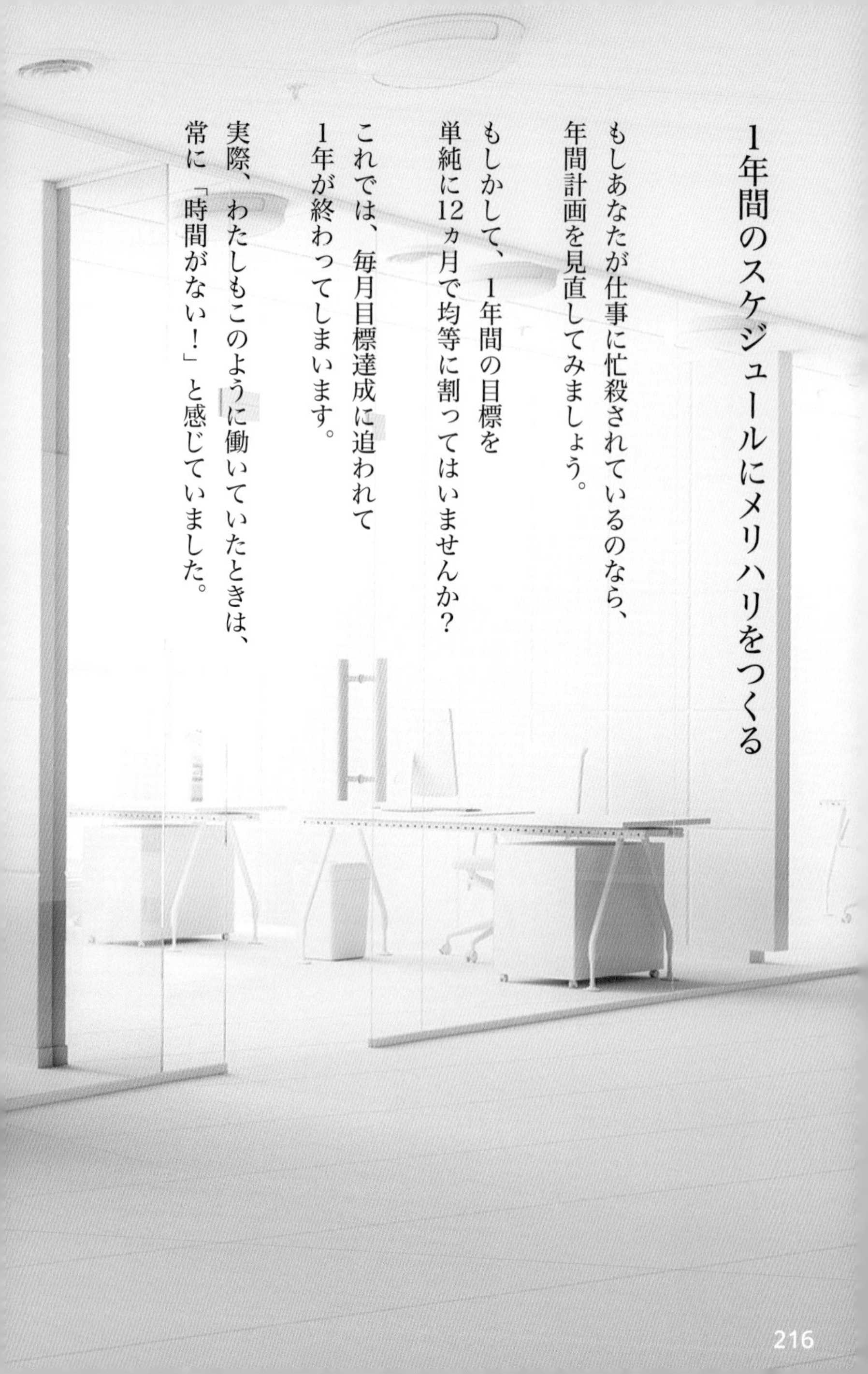

1年間のスケジュールにメリハリをつくる

もしあなたが仕事に忙殺されているのなら、
年間計画を見直してみましょう。

もしかして、1年間の目標を
単純に12ヵ月で均等に割ってはいませんか？

これでは、毎月目標達成に追われて
1年が終わってしまいます。

実際、わたしもこのように働いていたときは、
常に「時間がない！」と感じていました。

まず、「しっかり稼ぐ月」と、
「ゆとりのある月」をつくりましょう。

1年間にメリハリをつくると、
仕事の忙しさに追われることもなくなり
むしろ、どんどん稼げるようになっていきますよ。

美しく稼ぐしくみをつくる

しっかり稼ぐ月とゆとりのある月をつくるには、しくみが必要です。

1　会員制ビジネス（サブスクリプションモデル）で、毎月安定した収入を得る

2　本命商品で、数ヵ月に一度しっかりお金を稼ぐ

この両軸がうまくまわると、自分のやりたいこと、好きなことができる時間ができます。

プライベートが充実すると、経営者はますます輝き、美しく稼ぐことができるのです。

10年間で3つの事業を立ち上げる

10年の区切りのなかでビジネスを考えるとき、
新しい事業展開も視野に入れて
進めていくことが大切です。

3年が終わり、4年目くらいから、
もうひとつ新しい事業を立ち上げてみましょう。
その立ち上げも軌動に乗ったら
もうひとつ立ち上げるということを繰り返します。
10年で3つ立ち上げることができれば、
いい状態と言えるのではないでしょうか。

わたしの場合、エステをやめて、
キレイデザイン協会をゼロから立ち上げました。

そうして10年の間に、
3つの事業を立ち上げています。

キレイデザイン協会を立ち上げて
すぐにオンラインシステムの
「リザーブストック」事業が立ち上がり、
その後、前田出先生という恩師と
コミュニティオーナー会
というコミュニティを
3年間かけてつくりました。

10年という区切りでビジネスを考え、
その10年の間で3つの事業を
立ち上げることを想定してみましょう。
ビジネスは順調に伸びていくはずです。

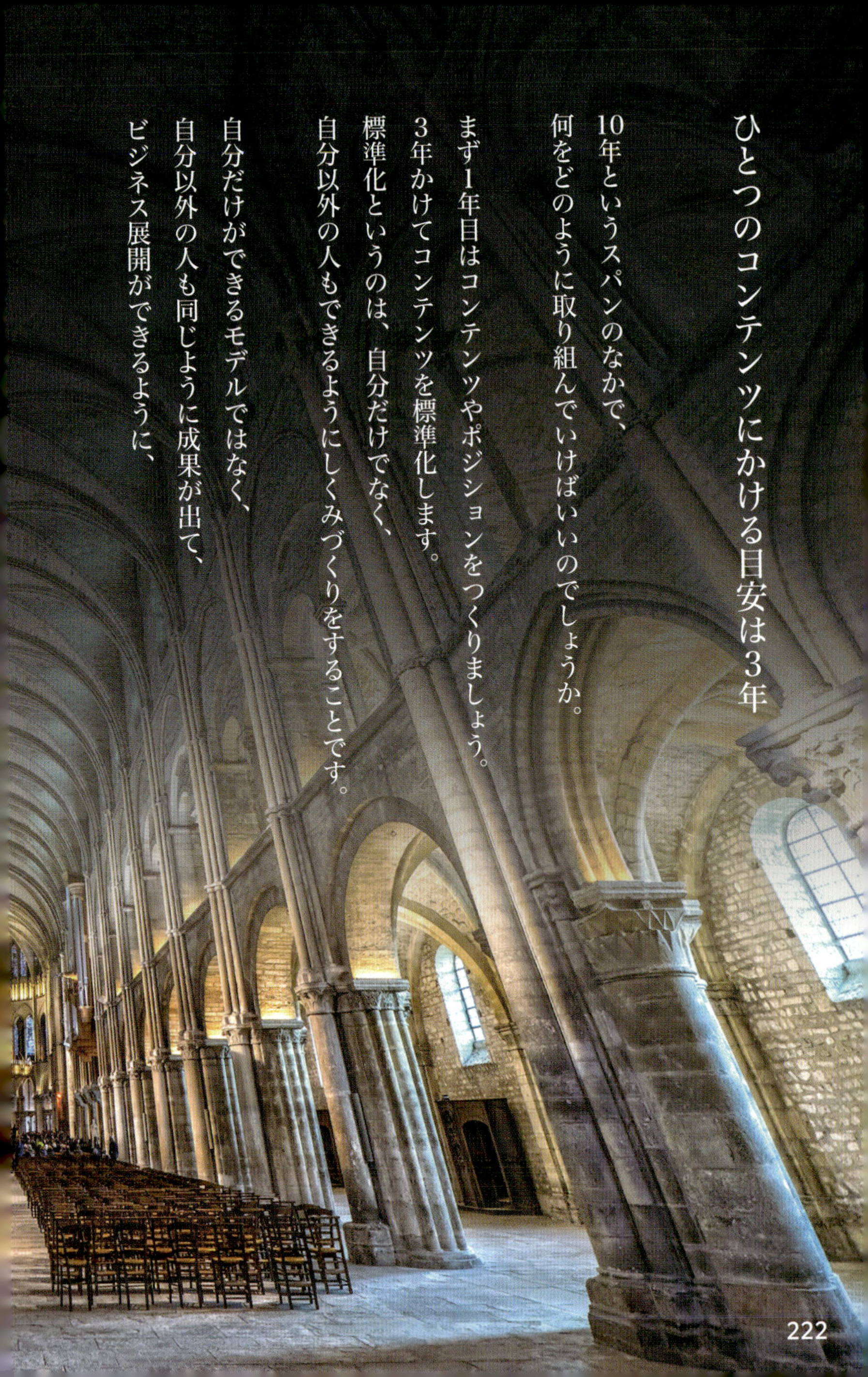

ひとつのコンテンツにかける目安は3年

10年というスパンのなかで、
何をどのように取り組んでいけばいいのでしょうか。

まず1年目はコンテンツやポジションをつくりましょう。
3年かけてコンテンツを標準化します。
標準化というのは、自分だけでなく、
自分以外の人もできるようにしくみづくりをすることです。

自分だけができるモデルではなく、
自分以外の人も同じように成果が出て、
ビジネス展開ができるように、

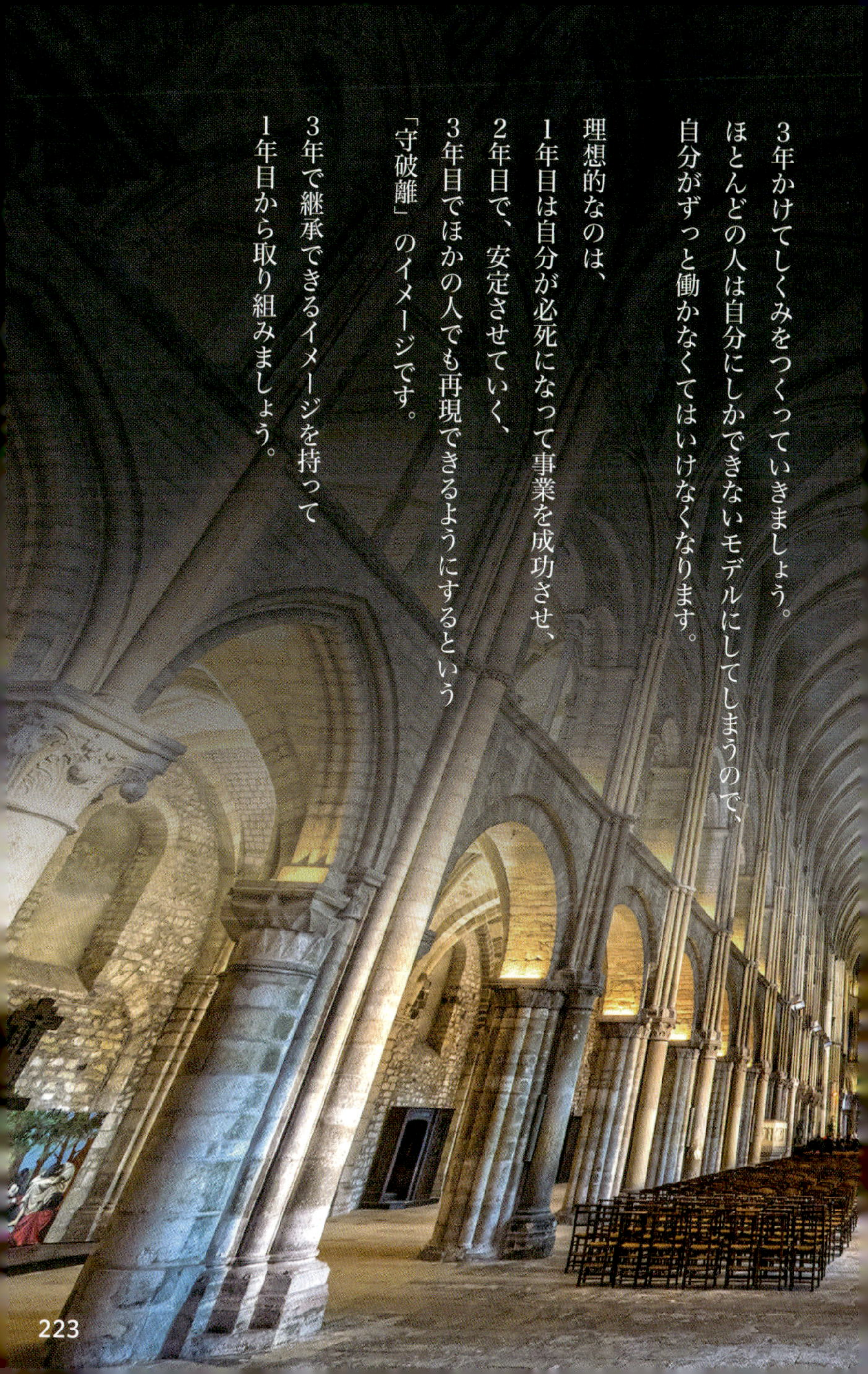

3年かけてしくみをつくっていきましょう。
ほとんどの人は自分にしかできないモデルにしてしまうので、
自分がずっと働かなくてはいけなくなります。

理想的なのは、
1年目は自分が必死になって事業を成功させ、
2年目で、安定させていく、
3年目でほかの人でも再現できるようにするという
「守破離」のイメージです。

3年で継承できるイメージを持って
1年目から取り組みましょう。

その道のプロになるには最低でも3年かかる

3年を耐えられない人は
・ころころ職を変える人
・移り気な人
・安定しない人
というマイナスのイメージがついてしまいます。
これは経営者でも、会社勤めの人でも同じかもしれません。

もしプロフェッショナルや専門家と
呼ばれるほどになりたいのなら、
3年間の継続を目指してみましょう。

1日8時間を3年間継続すると、
1万時間です。
1万時間取り組み続けることで、
ようやくその道のプロになれるのです。

3年以上続くと、商品もサービスも安定し、
ビジネスも安定してくるはずです。

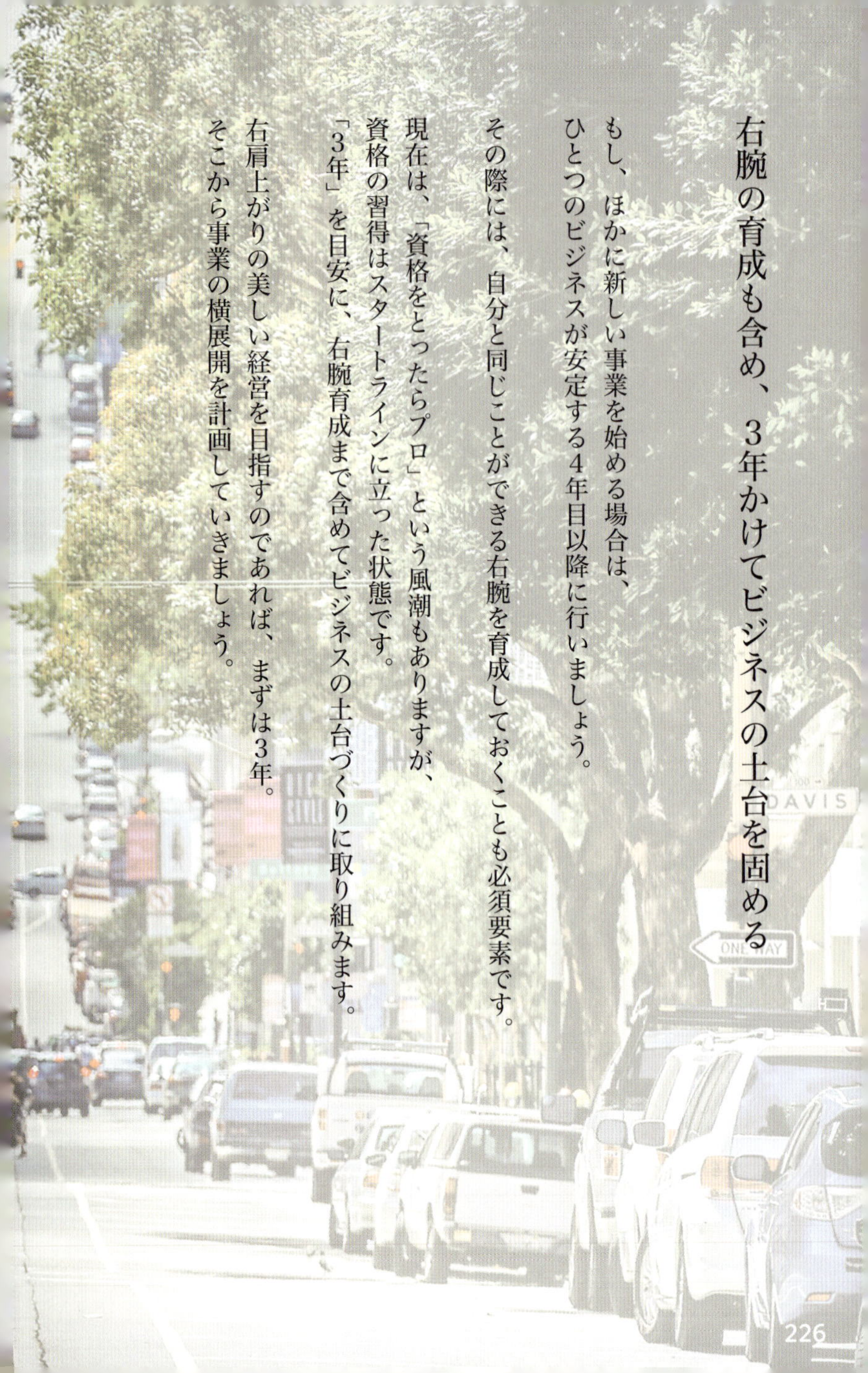

右腕の育成も含め、3年かけてビジネスの土台を固める

もし、ほかに新しい事業を始める場合は、
ひとつのビジネスが安定する4年目以降に行いましょう。

その際には、自分と同じことができる右腕を育成しておくことも必須要素です。

現在は、「資格をとったらプロ」という風潮もありますが、
資格の習得はスタートラインに立った状態です。
「3年」を目安に、右腕育成まで含めてビジネスの土台づくりに取り組みます。

右肩上がりの美しい経営を目指すのであれば、まずは3年。
そこから事業の横展開を計画していきましょう。

STOP
n Ness Ave.. California
56
arket
Streets

10年で3つの仕事の柱をつくる

これからの時代、
仕事の柱は複数持っておくのが賢明です。
でも、ころころと自由に変えるのではなく、
3年でひとつのことを安定させて
増やしていきましょう。

できればターゲットが同じで、
関連した違うことを行うのが
おすすめです。

ひとつ目を3年かけて立ち上げて、
4年目から次の新しいことを展開していく、
また3年経ったら、4年目に次の新しい
ことを展開していく…

これを繰り返すと、
10年後には安定した
3つの柱ができているはずです。

10年先を見据え、
ビジネスの計画を立てていきましょう。

4年目以降の「守り」でビジネスを継続させる

ビジネスを継続させるには、安定したあとのコミュニティづくりも大切です。

わたし自身はとにかくファンをつくるために、
さらに深いサービスや、1ランク上の商品をつくり、
どんどんサービスの中身をブラッシュアップしていきました。

武道の世界でも、安定させるには、守りを固めることが大切とされていますが、
ビジネスにも「守り」は必要です。

・コミュニティをつくる
・組織をつくる
・ファン向けのマニアックな商品をつくる

4年目以降はこのようなことに取り組んで、ビジネスを右肩上がりに継続させていきましょう。

10年先の理想の自分をイメージする

10年経った自分を想像してみましょう。

わたしの場合は、
わたしがやめても
お客さまや会員のみなさんが
ビジネスでひとり立ちできるようなしくみを
つくっておかなくてはいけないと考えています。

その目標に向かって、みなさんが
自立していく流れを考えているところです。

それぞれのメンバーが自立した経営者になれば、
一人ひとりが1億円を稼ぐことも夢ではありません。

わたしはそのために、
コンサルでサポートしていきたいのです。

あなたの10年後の夢はなんですか？
自分自身の10年先の姿をイメージしてみましょう。

継承を考えて
ビジネスを20年30年つないでいく

ビジネスは、10年で継承していきましょう。

10年もの歳月が経つと、
時代は大きく変化しています。
そして、お客さまのニーズも変わっていきます。

でも10年間同じビジネスをしていると
どうしても感覚が鈍ってしまいがちです。

ビジネスを20年30年継続させていくには、
ビジネスを始めて8年目頃から
本格的な継承の準備を始めることが大切なのです。

とくにわたしと同年代の50代60代の人たちは、
昭和のやり方を手放す必要があります。

お客さまが求めていることは
時代の流れとともに、日々変化することを理解し、
ビジネスの継承を見据えて動いていきましょう。

目標達成には未来を見ることが不可欠！

「近くを見るから船酔いする」
「100キロ先を見ていれば、景色は絶対にぶれない」
という、孫正義さんの言葉をご存じでしょうか？

目の前のことだけ見ていては、経営もぶれてしまいます。

まずは1年先のことを考えて、
スケジュールに具体的に落とし込んでみてください。

1年単位で考えるクセをつけていくことで、
きっと、自分のやるべきことが明確になっていきます。

経営者は、何よりも時間とお金が自由になる職業です。
自分のやりたいことをしながら社会貢献も叶え、
しっかりお金を稼いでいきましょう。

自分の目標達成のパターンを把握する

「自分の立てた予定や望みを達成するための思考には、大きく分けて2つのパターンがあります。

1　目標に対して細かく考える「目標指向型」
どうなりたいか、ToDo、PDCAが得意なので、先に目標に合わせて細かく計画をしたほうが合っているでしょう。

「目標をしっかり達成したい！」という山登りタイプです。

2　目標に向かって大まかに考える「状況対応型」
目標を決めたら「とりあえず動きたい」という、Beingタイプです。

「こんなふうになりたい」という、
ふわっとした目標を目指すサーファータイプでもあり、
進めながら考えていくほうが合っています。

年間計画を立てる際は、まず自分のタイプを把握して、
おおまかに決めるか、細かく計画を立てるかについても
考えてみてください。
思考タイプの違いを知っていると、
マネジメントにもとても役立ちます。

基本的に目標指向型と状況対応型のタイプで組んだほうが、
お互いに補い合えるので、
バランスがとれてうまくいくでしょう。
自分のタイプを把握して年間計画を立てることで、
公私ともに安定した、
美しい経営ができるようになっていきます。

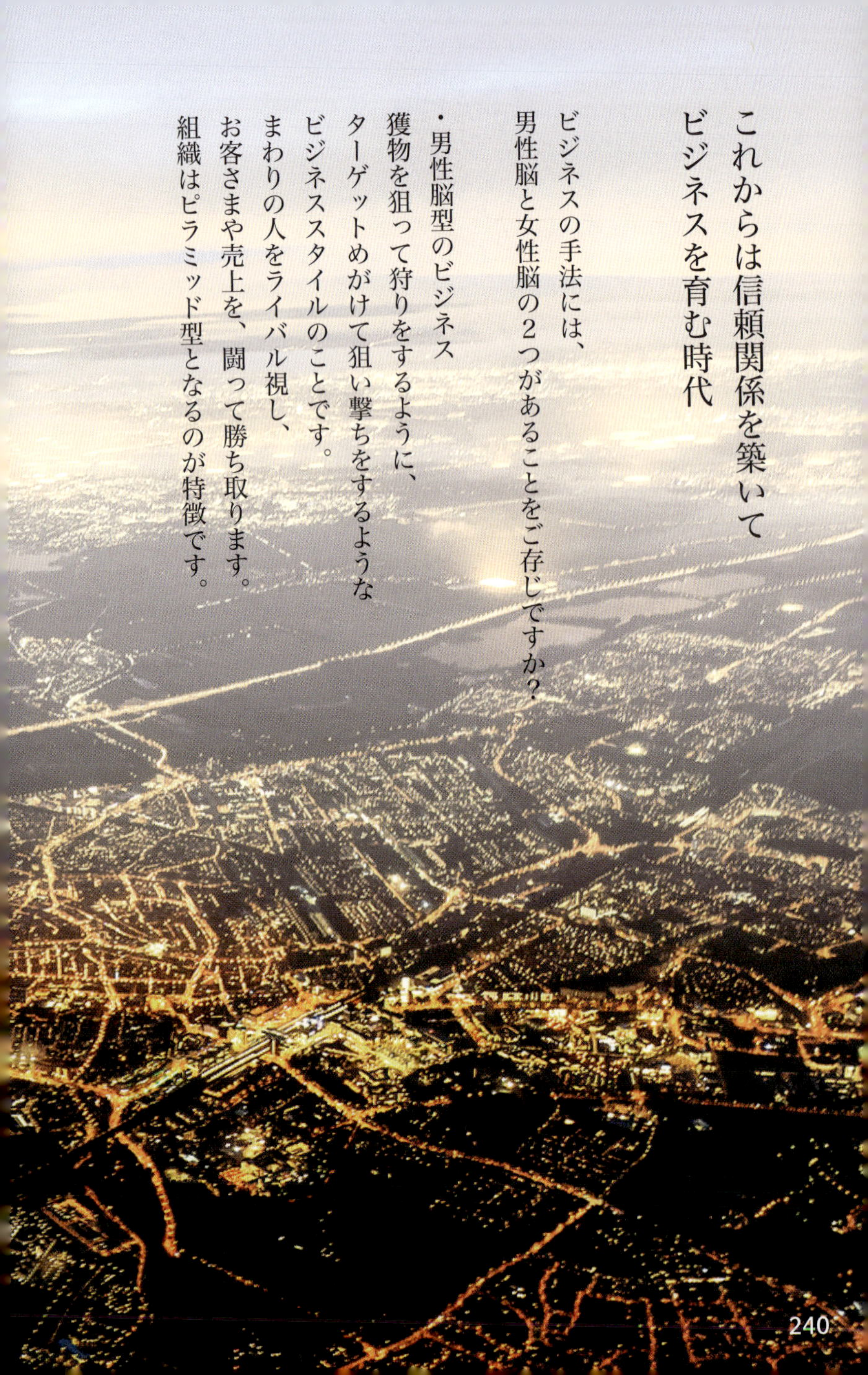

これからは信頼関係を築いて
ビジネスを育む時代

ビジネスの手法には、
男性脳と女性脳の２つがあることをご存じですか？

・男性脳型のビジネス

獲物を狙って狩りをするように、
ターゲットめがけて狙い撃ちをするような
ビジネススタイルのことです。
まわりの人をライバル視し、
お客さまや売上を、闘って勝ち取ります。
組織はピラミッド型となるのが特徴です。

・女性脳型ビジネス

畑の作物に水や肥料を与え、
愛情を持って育てていくようなビジネススタイルです。
お互いに協力し合い、
まわりの人と良好な関係を築きながら、
自分のビジネスを育てていきます。
組織はサークル型（フラット型）で、
人間関係に上下がなく平等です。

いままでは男性脳型ビジネスが当たり前の時代でしたが、
これからの時代は、信頼関係を築きながら行う
女性脳型ビジネスのほうが伸びていくでしょう。
女性脳型のビジネスは、植物の成長段階に合わせて、
1開墾期→2発芽期→3成長期→4開花期→5収穫期
の5周期であらわすことができます。
ここからは、周期についても解説していきましょう。

植物の成長のように
ビジネスを育てていく

経営者が、「いつか始めよう」
と思っているだけでは
計画はいつまでも実現できません。

ビジネスには、自然界の四季のように
「種まきに向いている時期」
「実りを収穫するのに適した時期」
といったステージがあります。

【5周期】
1　開墾期：準備の時期
2　発芽期：種蒔きする時期

3　成長期：大きく拡大させる時期
4　開花期：注目され花開く時期
5　収穫期：結果が出る時期

この流れに沿ってビジネスを育てていくと、時間に流されることなく、着実に大きくすることができます。

スタッフのいる会社を経営しているなら、スタッフにも共有しておけるといいですね。
次に、それぞれの時期に何をしたらいいのかについても確認していきましょう。

開墾期
～自分が売りたいものではなく、相手がほしいものを売っていくとき～

女性脳型ビジネスでは、
いい作物を育て、キレイな花を咲かせるために、
まず土地を耕して、豊かな土壌をつくる「開墾期」から始めます。

農作物は、種まきの前の段階でどれだけ準備したかで、
その後の流れや結果が大きく変わります。

ビジネスも同じように、「開墾期＝準備」が何より大切です。
ビジネスの開墾期は、情報収集などを積極的に行いましょう。

・お客さまはどんなことに困っているのか
・どんな商品がほしいのか

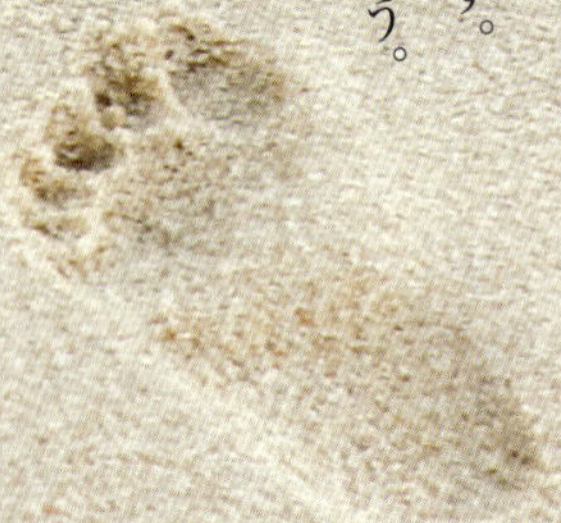

・（講師業の場合）何を学びたいのか
・どんな居場所を求めているのか

お客さまが何を求めているのか、リサーチすることが重要です。
何でもガツガツと動くのではなく、
しっかり頭で考えてから動いてください。

また、「開墾期」は、立てた計画をもう一度見直して
修正するタイミングにも適しています。
創造と破壊、人の整理、お金の整理、物の整理といった
キーワードを備えているのが開墾期なのです。

もし、よくない習慣がある場合、次に「スタート」する「発芽期」の前に、
すべて断ち切っておきましょう。

発芽期

〜やりたいことをスタートさせるとき〜

「発芽期」は、植えていた種がようやく芽を出し始めるときです。
まさにスタート地点といえます。

「発芽期」のポイントは、
過去を振り返らずに前だけを向くことです。
気分を一新して、清々しくスタートさせる心持ちが大切です。
そのためにも、ひとつ前の「開墾期」に終わらせられるものは
すべて終わらせておきましょう。
準備期間に整えておくことで、
「発芽期」のスタートがよりよくなりますよ。

ビジネスの「発芽期」には、「発信」を意識しましょう。
「○○キャンペーンを始めます！」
といった告知は、まさに「発芽期」のイメージです。
これから起こる新しい出来事に
ワクワクしているタイミングですから、
未来に向かって新しい計画を立てて、
前向きな気持ちで積極的に行動していきましょう。

でも、いきなりキャンペーンをスタートしても、
内容がお客さまの求めているものでなければ、
相手には響きません。

だからこそ、「開墾期」で
しっかりリサーチすることが必要なのです。

成長期

〜一直線に未来へと向かっていくとき〜

「成長期」は動きながら学びを深め、
歩き出すための力を養うときです。
勢いをつけて伸びていく時期ですから、
これと決めたことに一直線に進んでいきましょう。

表に出ていくことでパワーも増すので、
屈することなくどんどん人前に出ることが
次につながるカギです。
人脈をつくるために、根を張っていきましょう。

植物がたくさんの栄養を吸収しながら成長するように、
この時期には、人も学びを吸収して成長していきます。

学んだことは、
実践しながらブラッシュアップさせていくことを意識しましょう。
また、自分をレベルアップさせるためには、
何でもチャレンジしてみることも大切です。

ときにチャレンジは、
成長痛のような痛みをともなうこともあるかもしれませんが
あなたが成長することから逃げなければ
おのずと光の射すほうへと導かれるはずです。

「成長期」は、新しい自分に出会えるチャンスの時期だととらえて
動いてみてくださいね。

開花期

～実り豊かな未来へ進んでいくとき～

動くことで、ますますよくなっていくのが、「開花期」です。
植物の花が開くように、
種の頃から蓄えていた力が存分に発揮されます。
生き生きと輝きを放ち、
一番華やかで美しく見えるときです。

流れがスムーズで調子もいい時期ですから、
どんどん外に出て積極的に動いてください。
考える前に行動することがポイントです。

持って生まれた才能が開花し、
お金や人が集まってくるときでもあります。

人のためにお金を使ったり、
ボランティア活動をしたりするのにも
適している時期ですので、意識してみてくださいね。

仕事は、「開花期」に「ここ一番」のタイミングを迎えます。

「ここでがんばらなければ、いつがんばるの？」
というくらい収入につながるときですから、
休んでいる場合ではありませんよ！

前を向いて、どんどん突き進んでいきましょう。

収穫期

～努力が実を結び「自分らしさ」を発揮していくとき～


「収穫期」は、季節にたとえるなら秋です。

植物が芽吹いたあとは、花が開き、わくわくしながら実りを迎える時期に入ります。

これまでにがんばってきたことが実になり、完成するタイミングです。

「収穫期」は、５つの周期のなかでも一番安定していて、自分らしさを出せるときです。

わかりやすく結果が目に見える時期なので、昇進・昇格といった仕事に限らず、
結婚や人間関係など幅広くステージが上がることも多いでしょう。

全体的に安定しているときなので、健康のバランスや、
プライベートと仕事のバランスがうまくとれるはずです。

「収穫期」には自然とひらめきも起きやすくなるので、
その瞬間を逃さないようにすることが、キーポイントにもなります。
気になったことは曖昧にせず、思い切って決断していきましょう。
正しい判断ができるので、長期ビジョンを立てるには最適なタイミングです。
「収穫期」のうちに、未来の計画を立ててみてくださいね。

運気に乗ってビジネスを成長させる

5つの周期には、その時期ならではの学びや、
成長のきっかけがあります。
自分のステージに合った動きを
意識していきましょう。

自分や会社、まわりの人が、
どの周期にあたるのかを知ることで、
それに合わせた計画を立てられるようになりますよ。

これからの時代は、
人とのつながりがいままで以上に重要になります。

お互いに応援し合い、信頼関係を構築しながら、
ビジネスを育んでいきましょう。

自分と相手の周期に合わせながら、
一つひとつ経験を積み重ねていくことで、
信頼関係を築き、
着実にビジネスを成長させて
いくことができるはずです。

第5章 バイオリズムを活かした美しい経営

自然の理《ことわり》に則って進む

自然界には、人智を超えた流れがあります。

日本の春夏秋冬の四季
中国に起源のある陰陽五行（木・火・土・金・水）
など、日本人は古くから
その自然界の理《ことわり》を学び活用してきました。

空間と時間と人間には「間」が入ります。
この間で、ニュートラルな状態と保ちましょう。

自分のあり方を整え、自然の理《ことわり》に従っていくと、
余分な力がいらない状態で、
物事がスイスイ進んでいきますよ。

陰と陽を知ることで
いいバランスを目指す

ニュートラルな状態を目指すには、
まず、陰も陽も理解することから始めましょう。

・陰のキーワード
ネガティブ
悩み、問題、課題、不安、不満、不快

・陽のキーワード
ポジティブ
愛、夢、しあわせ、成功、喜び、感謝

どちらか一方を否定したり、
偏ったりすると
バランスが崩れてしまいます。

ネガティブな状態を否定せず、
そのまま受けとめてポジティブに
変換していきましょう。

ネガティブな面を受けとめる

多くの人は陰・ネガティブなものを避けようとする傾向があります。
でも、美しく生きるためには、前述したように
陰と陽の両方を理解することが大切です。

陰と陽
裏と表
ネガティブとポジティブ
守りと攻め

野球では、守りがしっかりしているチームほど、
攻撃にもパワーがあります。
柔道では、まず受け身から習い、攻めの技を学んでいきます。

このように、陰を知ることで、
陽の要素が高まっていくものなのです。

ネガティブな面から逃げると、
陰の要素が大きくなってしまいます。
一方、ネガティブな面を見つけて早く対処すると、
ポジティブな面の陽の要素が大きくなっていきます。

ですから、ネガティブな要素を受けとめることが大切です。
ネガティブなことを受けとめて、陰陽どちらの理解も深めましょう。
一見ネガティブなことや嫌いなことが、あとから考えると
「最大のビジネスチャンスだった」
というケースは少なくありません。

ぜひ、陰と陽のバランスを上手にとって、
ビジネスを成長させていきましょう。

常に真ん中になるバランスを目指す

人として美しいあり方は
どこにも偏らないニュートラルな状態です。
ポジティブになりすぎても、ネガティブになりすぎてもいけません。
身体は、硬すぎず柔らかすぎないほうがいいでしょう。
自律神経も、交感神経と副交感神経のちょうど真ん中が
理想的なフロー状態です。
お金は、多すぎても少なすぎても何かしらの問題が起こります。
また、我が強すぎると孤立してしまい、まわりに流されすぎると
自分を見失ってしまうでしょう。

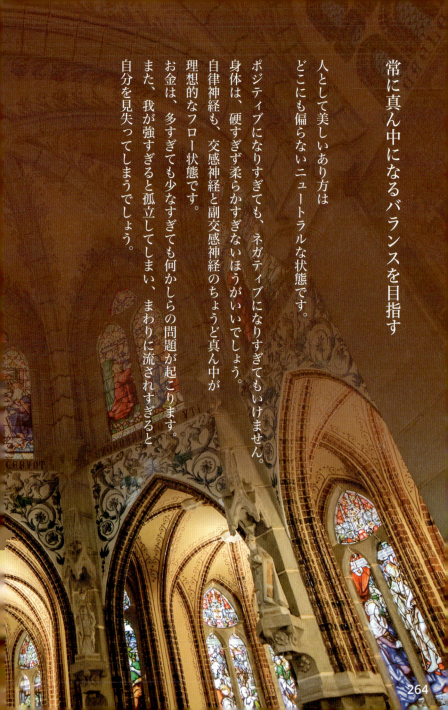

わたしたち人間は、
大昔から集団生活をして生き残ってきました。
個で動くよりも、
集団で力を発揮できるのです。

集団のなかで和を保つには、
フラットな状態であることが理想的です。
人との関わりのなかで
何が起きても
ニュートラルな状態、リラックスした状態、
美しい生き方を目指していきましょう。

経営者は動きを止めない

心がネガティブに偏っている人は、
物事に対して、
不平不満を言って終わってしまいます。

心がポジティブに偏っている人は、
現実を直視せず、
夢を語って終わってしまいます。

どちらも、
行動が止まってしまうことが
一番の問題です。

心がぶれることで、
行動が鈍化します。

だからこそ、
どのような状況であっても、
常に動きを止めずに現実を動かすよう
心がけていきたいものです。

フラットでいることが調和を生む

前述したように
経営者こそ、常にフラットでいたいものです。
たとえば、熱血経営者のモチベーションが下がると、
まわりは心配になってしまいます。
反対に、いつも物静かな経営者が突飛な行動をとったら、
周囲の人はついていけないでしょう。

経営者がフラットでいることは、まわりに安心感を与えるのです。

バリバリ仕事をこなす経営者は、
ゆっくり休み、身体と心をゆるめる時間をとりましょう。

このバランスをとることが、
美しい生き方、美しい経営につながっていきます。

働く・休む
使う・貯める
吸う・吐く
緊張・リラックス
どんなことでも陰陽のバランスをとり、
常にフラットな状態でいることを大切にしてください。

経営者がフラットでいることで
会社の調和がとれていきます。

「与える」「受け取る」のバランスをとる

お客さまが喜ぶからといって安価にサービスを提供していては、
自己犠牲で終わってしまいます。

サービスに見合った金額をいただき、
サービスを継続して提供するほうが、
お客さまにも自分にもよいことです。

また、たとえビジネスで稼げても、
プライベートを犠牲にしていては
しあわせになりません。

仕事でも家事でも忙しくなりすぎているときは、
自分だけの時間と空間をつくり、少し休むことも必要です。

がんばりすぎて無理をしている人は、
少し肩の力を抜いてみましょう。
偏らないことで
物事は自然といい方向に向かっていくのです。

身体をゆるめることで
本来の自分を取り戻す

経営者の多くは、自分が思っている以上に
心も身体も緊張状態になっています。

まわりの人には、
「愛が大切です。笑顔でいきましょう」
と言っているのに、
表情が硬く、顔が怖い人も少なくありません。

パッと見たときの雰囲気や、
相手に与える印象はとても大切です。

わたしは、お金も人も
明るいところにしか
やってこないと思っています。

明るい表情でいられるように、
日頃から自分の凝り固まった心身を
ゆるめる時間を持ちましょう。

リラックスしてニュートラルな状態でいれば、
本来のあなたの明るい笑顔が
自然に出てくるはずですよ。

プライベートから美しい生き方を心がける

「愛人がいることは芸の肥やし」
と言われていた時代もありますが、
現代では価値観が変わり、
人として美しい生き方をしている人が
好まれる時代になりました。

夫婦円満も、美しい生き方をしている証拠です。
とくに夫婦でビジネスをしている人は、
裏表がないというひとつの証になるでしょう。

美しい経営を目指す前に、
人として美しい生き方を心がけたいものですね。

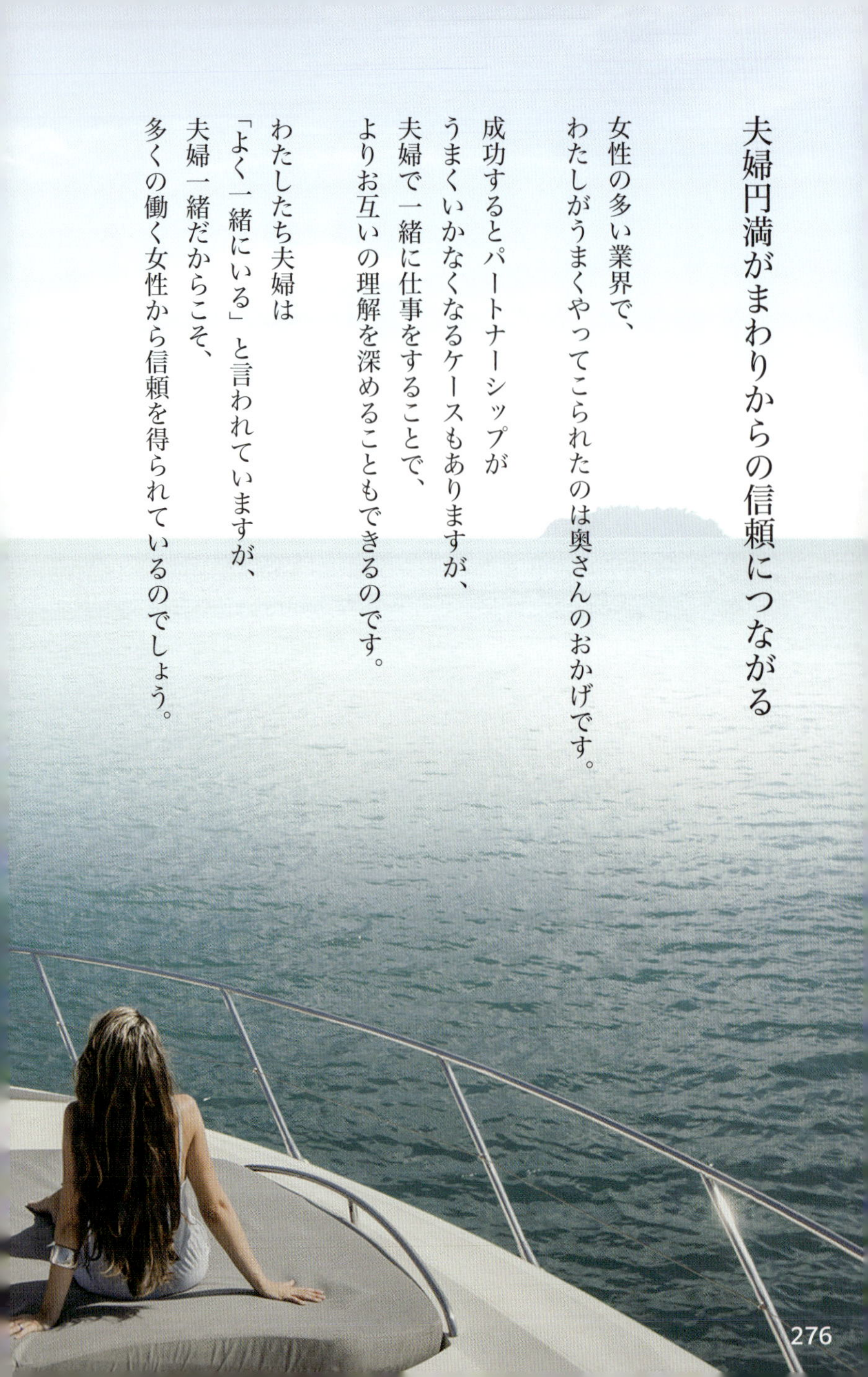

夫婦円満がまわりからの信頼につながる

女性の多い業界で、
わたしがうまくやってこられたのは奥さんのおかげです。

成功するとパートナーシップが
うまくいかなくなるケースもありますが、
夫婦で一緒に仕事をすることで、
よりお互いの理解を深めることもできるのです。

わたしたち夫婦は
「よく一緒にいる」と言われていますが、
夫婦一緒だからこそ、
多くの働く女性から信頼を得られているのでしょう。

また、一番身近な夫婦のコミュニケーションのとり方は、
無意識に仕事にもあらわれるものです。
仕事の関係者と直接的に関係していなくても、
夫婦円満はまわりからの信頼に
つながっているのだと心得ましょう。

いつも言動が一致している人が信頼される

「見せかけの自分」では、美しい経営はできません。

現在はオンラインビジネスやSNSが普及し、
仕事とプライベートの境目がどんどんなくなってきています。
たとえば、ZOOM中や電話中に相手がミュート（消音）を忘れて
素の会話が聞こえてしまった経験はありませんか？

そのときの言葉づかいが仕事とかけ離れていたら、
美しいとはいえませんよね。
裏表のギャップが激しいと
信頼も下がってしまうでしょう。
会社や経営者としてブランドを守っていくためには、
仕事でも、プライベートでも、

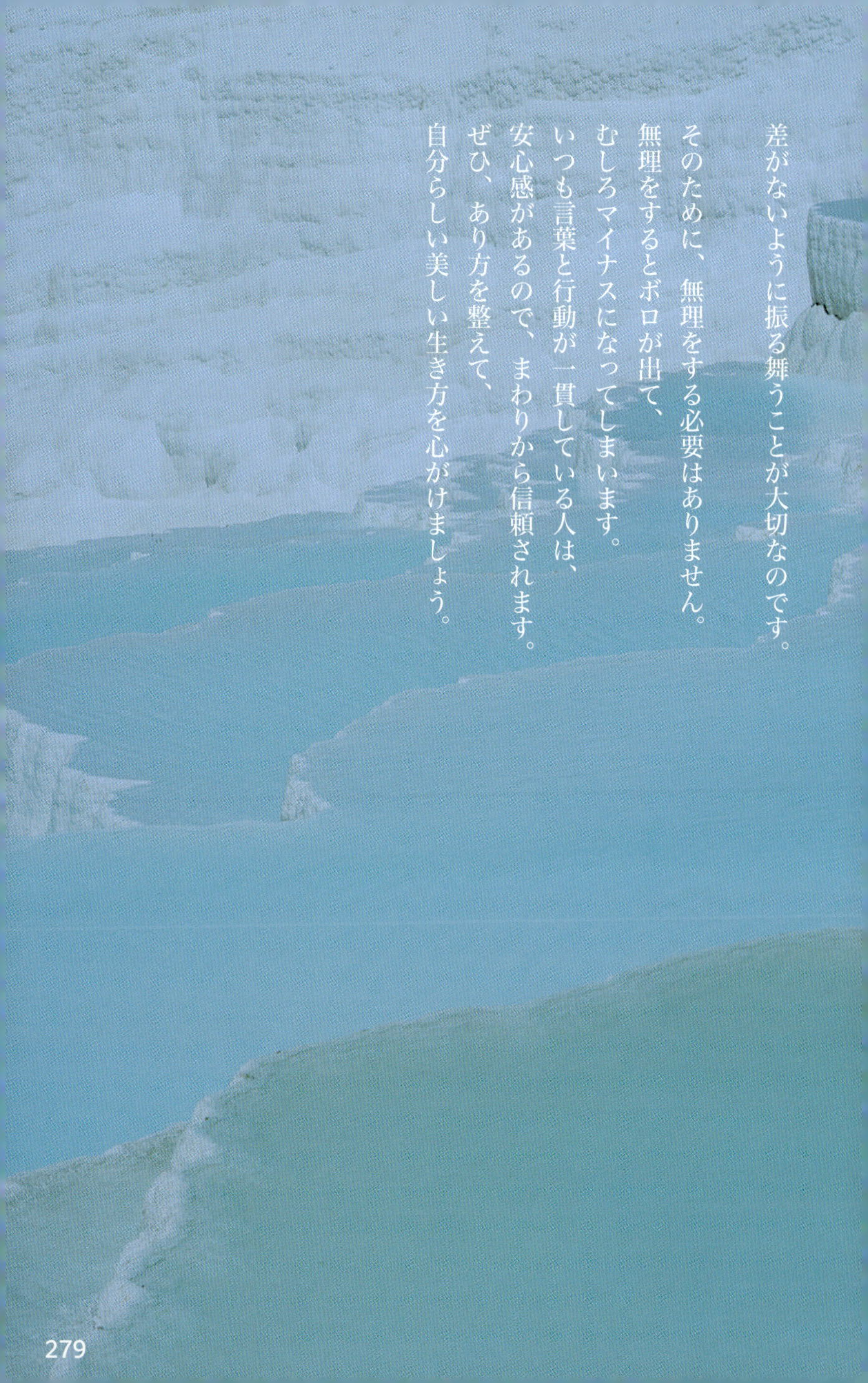

差がないように振る舞うことが大切なのです。
そのために、無理をする必要はありません。
無理をするとボロが出て、
むしろマイナスになってしまいます。
いつも言葉と行動が一貫している人は、
安心感があるので、まわりから信頼されます。
ぜひ、あり方を整えて、
自分らしい美しい生き方を心がけましょう。

裏表のない人が成功する

美しい経営をして成功している人は
裏表のない人ばかりです。

人は自分が思っているよりも、
矛盾に敏感です。

「理念でいいことを言っているけれど、
実際は違うかもしれないな…」

「仕事とプライベートでは、ギャップがありそうだな…」
と思われないように注意しましょう。

あなたは、言っていることと行動していることが
一致していますか？

言葉と行動が一致するように心がけていくと、
あり方も整い、
素晴らしい人が集まってくるようになりますよ。

愛される経営者は、人によって態度を変えない

人によって態度を変えるのは、美しい振る舞いとはいえませんよね。

とくに残念なのは、
目上の人にはいつもニコニコしているのに、
裏方の人たちには横柄な態度をとるタイプの人です。
これは、どこかでバレてしまいます。

反対に、裏方の人たちから好かれている人は、
本当にいい人なのだとわかりますね。

人を選ばず、常にまわりの人との和を大切にして、
コミュニケーションをとりましょう。
日頃から言動を整えることが、
めぐりめぐってビジネスの信頼にもつながっていくのです。

日頃の振る舞いがブランドをつくる

たとえば、「世の中をよくしたい」と言っている人が
本当にそう思っているかどうかは、
日頃の立ち居振る舞いでわかります。

普段の行動に、その人の本心が出ているのです。

経営者の行動がともなっていない場合、
自分の大切なブランドを、
自分で崩してしまっていると言っても過言ではありません。
経営者の一挙手一投足が
ブランドのイメージに
つながっています。

逆に考えると、
日頃から理念に沿った生き方をしていれば、
自然とブランドのイメージも上がっていくでしょう。

経営者には、仕事とプライベートの境目をなくして、
生き方を整えることが求められているのです。

美しく生きるセンスを磨く

美しく生きるためにセンスを磨きましょう。
そして、美しい経営をするためにセンスを磨きましょう。

自然界にも、芸術にも、
人の心を感動させる美しさがあります。
人の生き方にも、
人を感動させる美しさがあるのです。

人は50歳、60歳と年齢を重ねることで、
さらに言えること、できることが増えてきます。

わたしも美容業界に長年携わってきたからこそ、
いまでは自然の美、芸術の美、人間の美を
後世に伝えていきたいという境地に至りました。
人智を超えた美を知り、
美しく生きるためのセンスを磨きましょう。

一方的なコミュニケーションをしていませんか？

あなたのコミュニケーションは、
バランスがとれているでしょうか。

会話は、キャッチボールのようなものです。
話して聞く、聞いて話す……ということを
交互に行わなければ、
理解も深まりませんし、信頼関係も築けません。

一方的に話すだけ、
一方的に聞くだけになっていたら、
バランスが偏ってしまっている状態です。

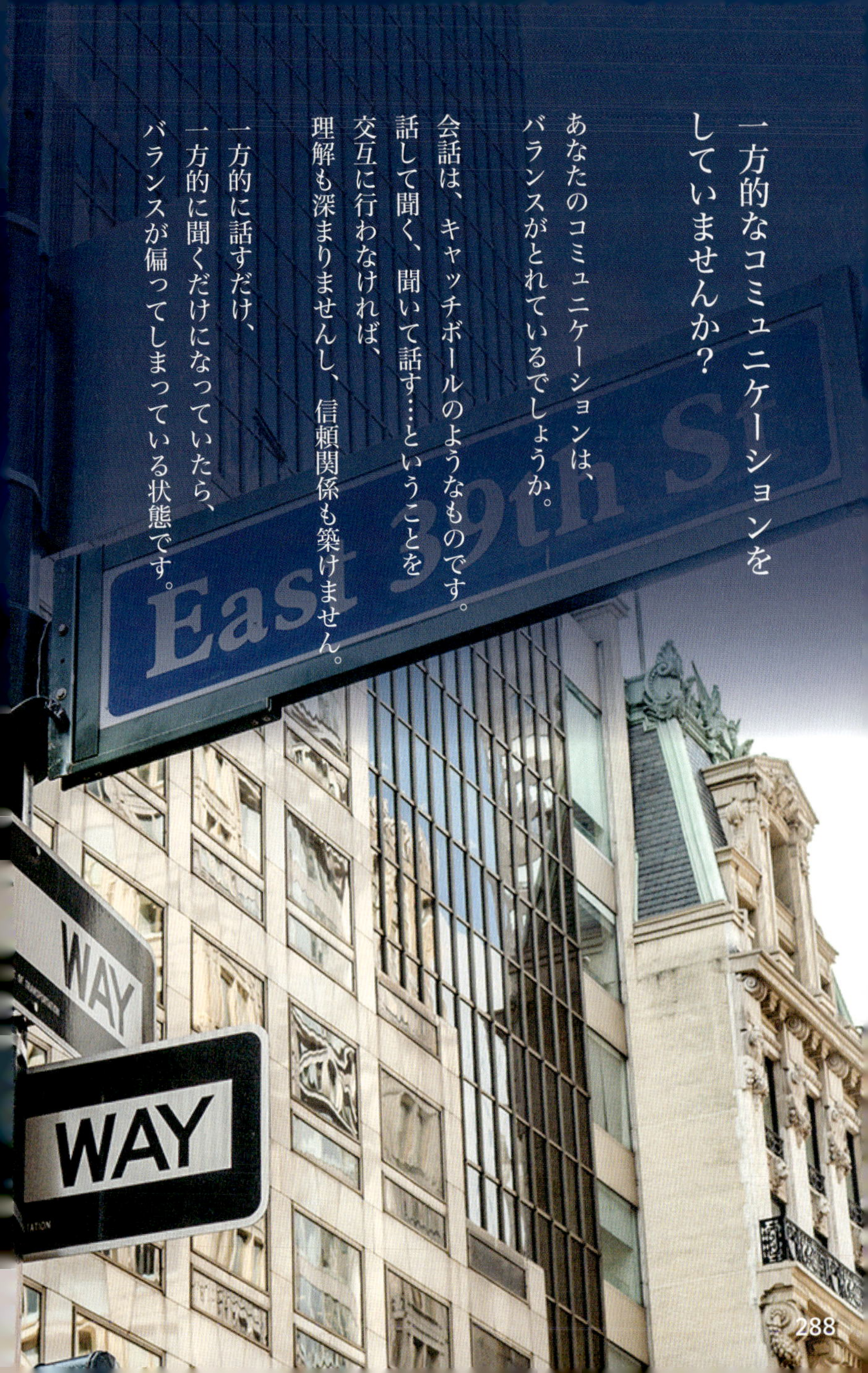

お客さまとスタッフ
先生と生徒、親と子
どのような関係性であっても、
キャッチボールの意識を
忘れないようにしましょう。

上下の関係から横の関係にシフトする

ひと昔前は「お客さまは神様だ」
という言葉がありました。

でも、買う側と売る側は、本来、対等な関係です。

「売ってくれてありがとう」
「買っていただいてありがとうございます」
という関係性でやりとりができたら、
最高だと思いませんか？

会話のキャッチボールも同じです。
お互いに同じくらい話し、
同じくらい聞きましょう。

これからの時代は、上下ではなく
横の関係を築ける人、企業が
ビジネスを大きくしていけるのです。

お客さまに心がけたい美しい振る舞い

どんなお客さまに対しても、丁重な態度をとれていますか？

契約をしてくれたお客さまには丁寧に返し、
契約をしてくれなかったお客さまには雑に返してしまう。
よくあることです。

でも、この態度は美しいとはいえませんよね。

その日契約をしなかったお客さまに対しても、

「ここまで来訪し、お時間もいただいてありがとうございます」

と感謝を伝えなくてはいけません。


お客さまには、最後の最後まで丁寧に接しましょう。

それが、後の契約につながることも多々あります。

でも、雑な態度をとってしまったら、
自分でその可能性を潰してしまうのです。
お客さまには、いつでも感謝の言葉をかけましょう。
経営者としての美しい振る舞いに欠かせないことです。

コミュニケーションも バランスでとらえる

美しく生きるために
バランスを意識したいのなら、
バランスがとれた生き方を
見つける練習が必要です。

たとえば、
お客さまからクレームがきたとき、
担当スタッフの話も聞かなくては
意見が偏ってしまいます。
どちらの話も聞いたうえで、
再発防止策を考えましょう。

ネガティブな話が出たら、
反対にポジティブな未来の話も
聞いてください。
そのうえで、
いま何をすればいいかを
考えることが大切です。

バランスをとる考え方が自然と
できるようになるには、練習が必要です。
美しい経営、美しい生き方を叶えるには、
コミュニケーションのバランスも意識しましょう。

クレームは真正面から受けとめない

クレームには、
こちらの成長につながるものもありますが、
ただグチや不平不満を言いたいだけという
ケースもあります。

グチや不平不満の場合、
まじめに聞き続けていると、
こちらが疲弊してしまうことも
あるでしょう。

相手のネガティブな一面に
振りまわされないようにするには、

クレームを真正面から受けとめすぎない
ことも大切です。

フラットな状態を保ちながら、
淡々と話を進める。
これが、経営者として心身のバランスを保つ秘訣です。

人間関係のトラブルでは中立な立場をとる

何かトラブルが起こったときは、
一度ニュートラルな場所に
立ち戻りましょう。

人間関係のトラブルの場合は、
はじめからどちらかの肩を持つのではなく、
いったん中立の立場になるのがポイントです。

人間関係のゴールは、
調和を意識することです。

経営者として、何か決断をしなくてはいけないときには、
「ちょっと待ってください」
と声をかけ、自分自身をニュートラルな
状態にしてから対応しましょう。

美しい経営はお客さまと売り手のバランスが整った状態

これまでにもお伝えしてきたように、
経営者が美しく生きるには、
「美しい経営」が必要です。

お客さまは、よいものを
安く手に入れたいと思い、
売り手側は、よいものを
高く提供したいと思っています。

お客さまと経営者の思いは、
陰と陽のように交わりません。

その難しいバランスを整えた状態が、
「美しい経営」なのです。

経営者の心に余裕がないと、
商品を売ろうと必死になったり
集客に躍起になって
無理にサービスを
提供しようとしてしまうかもしれません。

お客さまとこちらが
お互いに納得できる
ちょうどいいバランス、
陰と陽の調和がとれた状態を
目指したいものですね。

会社全体で調和を目指す

「社会」と「会社」は、前後の漢字がひっくり返った言葉です。

わたしは、社会のマイナスの状態（悩み・問題）を解決して、
プラスに変換するものが、会社だと考えています。

だからこそ、「社会」の文字を反対にすると
「会社」になるのかもしれませんよね。

わたしの会社の使命は、女性経営者の経営のお悩みを
なくすことです。
あなたの会社は、どんな使命を持っていますか？

社会の陰陽のバランスを保つ行動は、
美しい経営にもつながります。
会社全体で世の中の調和をとれるように
目指していきましょう。

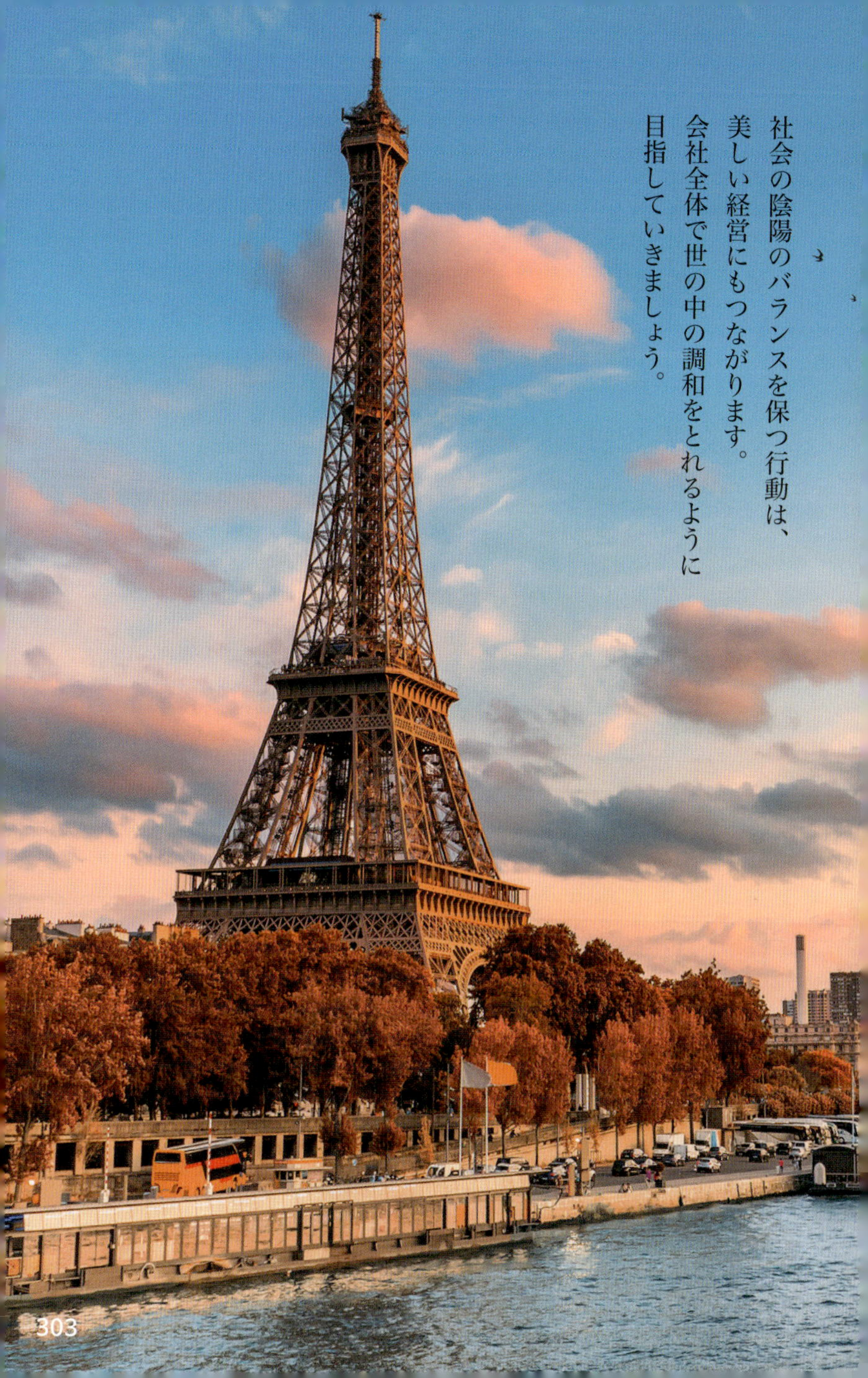

社会問題を解決する

会社は経済活動を行う場ですから、
お金を稼がなくてはいけません。

わたしの場合、女性が結婚・出産を理由にキャリアを
断念する姿をたくさん見てきたので、
「ライフステージが変わっても
女性が社会で活躍できるようにしたい！」
という想いで、協会を立ち上げました。

現在は、女性が働きやすい
「オンライン講師」という働き方を提唱しています。

講師たちが活躍することで、
女性の社会進出という
社会問題が解消されます。
そして、講師が働く際の悩みを
協会が解決していきます。

このようなしくみのコミュニティを
継続していくには、
講師が一人ひとりしっかりと稼ぐことを
サポートすることが不可欠です。

経営を美しい形で継続させていくには、
「どんな社会問題を解決できるか」
という視点でビジネスに取り組みましょう。

会社のステージ、
チームのステージを上げていく

会社も人と同じように成長していくものです。

たとえば、わたしが運営するキレイデザイン協会は、
人間関係の悩みを色で解決する講師
その講師を育て、働き方を伝える先生
そしてそのしくみを支える経営者
というように、
所属する人たちのステージが上がっていくしくみを
つくっています。

もちろん、全員が経営者を目指す必要はありません。
ただ、経営者には社会をよくしていく役割があるので、

「ゆくゆくは社会貢献をしたい」
という人には、
ぜひ経営者を目指してほしいと願っています。

キレイデザイン協会は、
10年かけて講師を育てる先生を育成してきました。
次の10年で、経営者を育成していく予定です。

自分の夢の実現と
社会貢献のバランスをとりながら、
会社を成長させていきませんか？

裏方も表に立つことも、両方できる強さ

あなたは裏方の人に感謝ができていますか？

これまで活躍してきた経営者の多くは、
もともと表に出るのが得意なタイプの人です。

ところが最近は、「もともとは裏方だった」
という経営者も増えてきています。

・師匠のカバン持ちとして修行をした人
・経営者の秘書をしていた人
・右腕として働いていた人

このように裏方を経験してきた人たちは、
表方も裏方も知っているので、
ビジネスのバランスをとることがとても上手です。

実際、わたし自身もサポート役を
することがあるので、
日々支えてくれている奥さんや
ビジネスパートナーのありがたさを感じます。

表方にも裏方にも、
上下関係はありません。
経営者が表で活躍できるのは、
裏で事務的な仕事を
サポートしてくれている人のおかげなのです。

経営者が、裏方への感謝を忘れず
バランスをとることができれば
会社は大きく発展していくでしょう。

美しい経営の実現には
「表」にも「裏」にも目をつけることから

白鳥は、外からは優雅に泳いでいる
ように見えても水中では
足をバタバタバタバタバタ動かして
いますよね。

同じように、
経営者がうまくいっているように
見えるのなら
それは、裏方の人ががんばって
くれているおかげでもあるのです。

会社もお金も、
裏方がいなければまわりません。

スタッフが経営者の
大変さを知らないように、
裏方の仕事は、
スタッフになってはじめて
わかるでしょう。

美しい経営を実現するには、
経営者からの目線だけでなく、
スタッフの目線からも考え、
バランスをとることが
大切なのです。

ビジネスを美しく拡大させるには

美しい経営を保ちながら、
ビジネスを拡大させるには、
鉄則があります。

自分ひとりで行うときは、
表方と裏方のバランスをとりましょう。

ほかの人と行うときは、
仕事をシェアしてバランスをとりましょう。

ビジネスの継承を行うときは、
経営者が裏方にまわり
相手に表方に立ってもらうことで
次世代へのバトン渡しがうまくいきます。

まわりの人に稼ぎ方を伝えて
新しい仕事を生み出すことも
経営者の仕事のひとつです。

みんなで稼げるようになって
一緒にステージを上げて
いくのが理想の形です。

人間力を磨いて
人としてのレベルを上げる

調和とは、とても流動的なものです。
自分やまわりのレベルが上がると
調和がとれ、全体のレベルも
上がっていくのです。

一人ひとりの人としての器が大きくなっていくと、
会社全体の仕事の質が上がり、
クレームなどの問題も起こりにくくなっていきます。

だからこそ、経営者は
いつも、どんなときも
人間力を磨いて、
美しい生き方を心がけたほうがいいのです。

毎日の積み重ねが、
驚くほど人生の質も上げてくれます。

多くの経営者を見てきたからこそ
断言できることです。

自然の理《ことわり》のなかで美しい生き方を見つける

視野を広げて地球全体を見てみると、
地球は自ら回転しながら、太陽のまわりをめぐっています。
その動きがあるからこそ、春夏秋冬の季節が生まれました。
人の感情や想いも、地球のように絶えず変化し続けています。

人も同じで、感情や想いは刻々と変化していきます。

ただ、経営目線で考えると、状況が変わってきます。
経営者がぶれていては成り立たないからです。
そのため、ぶれを少なくするために

年間計画という長期的な視点が必要になるわけです。
人も状況も移ろいゆくものですが、
理想を叶えるためには、
変化することも念頭に入れつつ、
計画を立てていくことが求められます。

うまく自然の流れに乗れたとき、
人と自然と宇宙のような大きなものとバランスがとれて、
安定していることを感じられるはずです。

ぜひ、自然の理《ことわり》のなかで、
美しい生き方を見つけ
美しい経営を目指しましょう。

おわりに

最後までお読みいただき、ありがとうございます。

短期的な成果を重視するあまり
月末月初に追い込まれ
ＳＮＳの発信に追われ
ひとりでがんばりすぎている経営者が大勢います。

でも本来、会社経営とは
自分だけでなく、多くの人を豊かにするものです。

数字やお金にとらわれすぎず、
長期的な目線を持ってしくみをつくっていきましょう。

あり方が整うと、
自然とビジネスは右肩上がりになっていきます。
人からの紹介が増え、理想のお客さまが増え、
自由な時間も手に入ります。

ぜひ、社会に役立つサービスを提供し、
美しく稼いで、美しく使いましょう。

美しい経営を目指し、
人と社会と調和をとって生きることで
家庭、会社、日本、そして世界全体を
豊かなものにしていきたいですね。

2024年11月　大沢　清文

無料で学べる「美しい経営」の
動画講座はこちらから！➡

＜著者紹介＞

大沢　清文（おおさわ・きよふみ）

一般社団法人キレイデザイン協会　理事長
株式会社ブランドワーク　代表取締役社長

大学中退後、５年間で33の職を経験し、その後尊敬する経営者との出逢いで人生が好転。エステサロンで年商１億円を達成し、事業を17億円まで拡大。

しかし、時間・人・お金の問題で疲弊し、「美しい経営」の考えに目覚め、しあわせな働き方に転向。その後、女性経営者のサポートを目的に一般社団法人キレイデザイン協会を設立し、現在は世界中を旅しながら２万人以上の経営者に「美しい経営」を指導している。

著書は、いずれも発売後即重版になった『ビックリするほど当たる！　12色キャラ診断』、絵本『みんなちがって みんなだいすき！』（かざひの文庫）ほか多数。

人生《じんせい》のステージが上《あが》がる　美《うつく》しい経営《けいえい》　（検印「省略）

2024年11月6日　第1刷発行

著　者 —— 大沢　清文
発行者 —— 星野　友絵
発行所 —— 星野書房
〒107 - 0062 東京都港区南青山5丁目11 - 23 - 302
電話 03（6453）9396 ／ FAX 03（6809）3912
URL https://silas.jp　E-mail info@silas.jp
発　売　サンクチュアリ出版
〒113 - 0023 東京都文京区向丘2 - 14 - 9
電話 03（5834）2507 ／ FAX 03（5834）2508
URL https://www.sanctuarybooks.jp/
E-mail info@sanctuarybooks.jp
印刷・製本：株式会社シナノパブリッシングプレス
装　丁：谷元　将泰（谷元デザイン事務所）
写　真：iStock
本文デザイン・DTP：制作工房　風待茶坊
企画・構成・編集：星野友絵・小齋希美・大越寛子・遠藤庸子（星野書房）
　ISBN978-4-8014-8261-6 C0034